原生家庭的进化

不让家庭之伤代代相传

[美] 大卫·史都普（David Stoop）
詹姆斯·曼斯特勒（James Masteller） 著
顾琼华 译

華夏出版社
HUAXIA PUBLISHING HOUSE

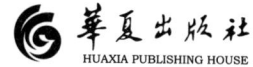

图书在版编目（CIP）数据

原生家庭的进化：不让家庭之伤代代相传 /（美）大卫·史都普 (David Stoop)，（美）詹姆斯·曼斯特勒 (James Masteller) 著；顾琼华译 . — 北京：华夏出版社有限公司，2020.8（2023.4重印）

书名原文：Forgiving Our Parents, Forgiving Ourselves

ISBN 978-7-5080-9911-8

Ⅰ.①原… Ⅱ.①大… ②詹… ③顾… Ⅲ.①家庭—社会心理学 Ⅳ.① C913.11

中国版本图书馆 CIP 数据核字 (2020) 第 028105 号

中文繁體字版《回家學饒恕—擁抱你自己，原諒你家人》，史都普、曼斯特勒 著，顧瓊華 譯，臺灣臺北：校園，1998初版，2009年增訂初版

英文原著：Forgiving Our Parents, Forgiving Ourselves: Healing adult children of dysfunctional families by Dr. David Stoop & James Masteller. Originally published by Servant Publications, Ann Arbor, MI, USA, 1991

中文簡體字版 2017 CEF 校園書房出版社同意在中國大陸地區出版

简体中文版 ©2020 华夏出版社有限公司

All rights reserved.

版权所有，翻印必究。

北京市版权局著作权合同登记号：图字 01-2017-9063 号

原生家庭的进化：不让家庭之伤代代相传

作　　者	［美］大卫·史都普　［美］詹姆斯·曼斯特勒	
译　　者	顾琼华	
策划编辑	朱　悦	
责任编辑	朱　悦　刘　洋	
责任印制	刘　洋	
出版发行	华夏出版社有限公司	
经　　销	新华书店	
印　　刷	三河市少明印务有限公司	
装　　订	三河市少明印务有限公司	
版　　次	2020 年 8 月北京第 1 版	2023 年 4 月北京第 2 次印刷
开　　本	710×1000　1/16 开	
印　　张	19.75	
字　　数	130 千字	
定　　价	49.80 元	

华夏出版社有限公司　网址：www.hxph.com.cn　电话：（010）64663331（转）
地址：北京市东直门外香河园北里4号　邮编：100028
若发现本版图书有印装质量问题，请与我社营销中心联系调换。

目录

第一部　解开家庭的包袱

第一章　什么样的家庭会产生"成人小孩" … 003
成年后，不论我们多么努力否认，我们对家庭的需求仍如影随形地萦绕心头，不断牵扯我们回到家庭的源头。

第二章　家庭运作体系之谜 … 029
是什么力量使家庭深陷在功能失调的模式里无法脱身呢？
主要因素之一是惯性——一种维持现状、停滞不前的倾向。

第三章　我的家庭正常吗 … 057
我们用来评估家庭生活的尺度有两种，一种是适应力，另一种则是依附性。

第四章　世代相传的模式 … 087
了解家庭体系运作最有效的工具之一是世系图（genogram）。借助世系图，我们可以很清楚地分辨出贯穿于几代人之间的原则与模式。

第五章　家庭中的"三角关系" … 117
在三角关系中，第三者可以帮助我们解开隐藏在关系中的运作模式，"揭开"我们刻意逃避的现实世界。

第二部　宽恕的自由

第六章　释放他人，释放自己 … 143
宽恕是一个过程，将我们从受伤的情感中逐步释放出来。

第七章　忘却、否认、接纳、宽恕 … 167

有些朋友会善意地劝我们"试着忘记"痛苦的回忆。但就医治的角度而言，我们需要学习如何去回忆，而非忘却。

第八章　表面的宽恕 … 193

在解决冲突的情势里，不论是忏悔还是宽恕的一方，都很容易只做到表面功夫。

第九章　"愤怒"的价值 … 211

愤怒可以带给我们力量，超越挑战与障碍。

第十章　怪罪的游戏 … 231

在童年的运作模式里，大人总是强而有力，而且似乎"永远是对的"，受虐儿童无可选择地只有将过失都归咎在自己身上。

第十一章　冲突、报复与和好 … 251

言归于好是条双向道，唯有当双方都有意和好，复合才可能发生。

第十二章　宽恕父母、宽恕自己 … 279

我们的自我观感深受父母的影响，我们怎样看待父母，自然而然也会左右我们对自己的看法。

我的宽恕清单

推荐序

　　人们越来越能看清，家的实质是影响我们生命的主要因素；家不仅可以建立、塑造我们，也可能使我们长大后产生各种扭曲的行为，使我们受挫、受限。举例来说，在身体或情感上受虐的孩子，长大后常常也会变成一个虐待小孩的人，或者与一个有虐童倾向的人结婚。多数人都会发现，即使我们不想重蹈父母的覆辙，却还是常在最反感的事上步人后尘。

　　我记得有一位年轻人，遭受着妻子与人私奔的痛苦。当他告诉我这件事时，他无意间提到，妻子的母亲也是在她这个年纪抛下她的父亲，投向另一个男人。我问他刚刚说了什么，他没有回答，只是坐在那儿，径自摇着头，泪水满眶。后来他说："我根本想不通。她以前常提到，母亲的离去带给她很大的痛苦，为了这件事，她一直很气她母亲。可是现在，她却走了，做了和她母亲一样的事。为什么？"

　　这种情况造成的痛苦没有简单的答案。通常，这类问题会在我们自己建立的家庭中出现，这是我们不明白的，也是我们无法跳脱深恶痛绝的行为的原因。有时候，家庭问题所产生的影响简直要把我们逼疯。

　　那些努力想要破除这种不良模式的人，会下决心离开家。他们会搬得远远的——甚至到另一个国家。他们不写信，也不打电话，好像根本没有家人。但许多时候他们还是发现，自己常常身不由己地重返家门。有些人则尝试与家人当面对质。他们想，如果把自己的创伤及愤怒直接表达出来，事情也许就可以解决了。时下这种与父母对质的做法似乎颇受鼓励，但其结果却常对双方造成更大的伤害。许多时候，对质会给家人之间造成更大的疏离感，根本不能解决问题。

我们每个人的心灵深处都渴望有一个美好、持久的家庭关系。我们个人所能做的，似乎就是好好面对我们的家，解开我们与某个家人的心结。而据我所知，解开心结的唯一之道就是宽恕。或者，我们也可以紧抓心中的怨怼不放，但这么做，代价往往过高。

身为内科医师及精神科医师，我可以证实，家庭若无法发挥正常的功能，会在医疗及生理上造成极严重的后果。美国前卫生局局长库普医生（Dr. C. Everett Koop）曾亲口告诉我，门诊病人中，80%是情绪压力所导致或因压力源而使病情恶化。

详细来说，未解决的家庭问题和其他压力源会使下视丘排出促肾上腺皮质激素释放因子（ACTHRF），导致脑下垂体释出促肾上腺皮质激素（ACTH）。这样一来，就会使肾上腺溢出压力激素，造成白细胞及抗体不足，使人比较容易感染各种传染病，包括病毒引发的癌症。

一个人的身体、情绪及心灵各方面是错综复杂地纠结在一起的。压抑我们在家庭中所受的创伤，会引起偏头痛、各种溃疡、结肠炎、肌肉疼痛及其他的不适。但我们常常忘了，压抑创伤也可能是造成支气管炎、肺炎、中风、心血管疾病、精神病及死亡的间接原因。尽力去分析、了解我们原生家庭的运作模式，可以帮助我们掌握自己的生活，迈向更健康的新方向。但是，除非宽恕也参与其中，否则，我们的分析及了解依然会把我们困在功能失调的家庭中。

我与史都普医师相识已久，他是我的同事及朋友。再也没有人像他那样，可以让我放心地任由他引领来深入了解我的家庭及问题。他杰出的能力及经验，以及在心理学和神学方面的广泛训练，都对本书有极大的帮助。大多时候，宽恕的过程不是被忽略了，就是遭到扭曲。史都普医师及曼斯特勒医师让宽恕重新扮演医治过程中的主要角色，对此，我深感兴奋。

保罗·米尔博士（Paul D. Meier, M.D.）
米纳米尔联合诊所（Minirth-Meier Clinics）副院长

作者序

"爸如果还活着,他一定会被控告虐待儿童。"

"不可能!"我大喊,"爸爸才没有虐待儿童!"

"你好好回想一下吧!"姐姐说完这句话就把电话挂了。

这段简短生硬的对话发生在十多年前,但我的印象深刻,好像是昨天才发生的事。姐姐挂断电话的那一刻,正是我幻想破灭的瞬间。多年来,我一直以为父亲是理想中的父亲;但突然间,我发现自己再也不能这么想了。

在我们发生这段对话冲突时,父亲已经去世二十年了。我并不太喜欢谈到他,因为我对他没有什么记忆。也因此,我不允许任何人——甚至我姐姐,破坏我仅有的回忆。

姐姐提到的虐待儿童,与父亲用皮带抽打我们——至少是我——有关。我不记得父亲曾打过她;就我记忆所及,不管她犯了什么错,都是我受到责备。我相信在她的印象里,事情不是这样的。父亲相信鞭打是有益处的,只是他鞭打时总伴随着暴怒及凌虐。

父亲鞭打时总有一个模式可循,几乎跟仪式一样。事情出了错,父亲就会用严厉的眼神看着我,恶声恶气地说:"到地下室去。"我知道那是什么意思。根本不用多说,求也没用,我试过很多次了,即使解释了也无济于事。

我至今还记得自己低头垂肩地走到地下室,父亲紧跟在后的那种心情。一到地下室,他会先抽出皮带,然后坐在中间的一把椅子上。我弯下身，紧跟着，皮带就从我背上抽过。

整个过程中父亲一句话也不说。如果我叫得太厉害，父亲就打得更凶；但是，叫得不够，一样加倍抽打。我记得自己后来就渐渐拿捏到怎么叫才"恰到好处"。我会一直叫，直到父亲警告我不可再叫，否则"就让我好受"。这时，我就知道差不多该停了，也许还外加最后几下抽噎。

有一两次，我试着在下楼前偷偷塞一本书或杂志在裤子里。虽然我们家每周日都会上教会，但我却称不上是"祷告的人"。只有在这种时候，我才会迫切祷告，希望父亲不会识破我的计谋。有一次，在快打完时他发现了我的伎俩，立刻冷着脸叫我把书拿出来，又狠狠打了我一顿。

在接到姐姐那通电话之前，我很少花心思去想那些枝节小事。事实上，和我一些朋友比起来，我并不认为自己的遭遇特别悲惨。在那个年代，每个人都被父母鞭打过。所以，我并不觉得自己真的需要花时间回忆"下楼梯"时那种不舒服、恐惧的感觉。

因为，至少在父亲鞭打我的时候，他注意到我了。大部分时候，父亲不是太累，就是心烦气躁，根本懒得理我，也不在乎我喜欢什么。他在一家工厂上班，每天上班时间很长，晚上回到家时早就累垮了。周末时间，他几乎整天都忙着整理家里，忙到筋疲力尽为止。

其余时间他就窝在"门廊角"。我们住在俄亥俄州克利夫兰市的一个小屋子里，前面有一个门廊，门廊的一端有个秋千。我还记得父亲坐在秋千上看报纸,或者只是望着草坪的另一端出神。有时看完报纸,他会走到车库干点活儿。我们很少谈些什么。父亲从来不花时间陪我传球,也没注意到我是怎么丢球或拦截一个滚地球的。在感情上,他是缺席的——除了"到楼下"的那一刻。

有趣的是,如果你问我,我的童年过得快不快乐,长久以来我的反应是:毫不犹豫地点点头。我们家人的关系好不好?我的答案一定是:"当然好啦!"我的父母很照顾我们,我们衣食无忧,是个美满的家庭。

真的吗?姐姐的电话突然动摇了我的信心。我开始有点怀疑我们是否真的都很亲密?或者,每件事是否都那么美好?我不喜欢这些新的想法,太危险了。

就像那些美化父母的人一样,我用各种方法替我父亲辩解。我很小心地把我的家庭想象成一个快乐园地,一切不愉快的事都有能自圆其说的借口。我的脑海中只留存下美好的部分。

比如,因为我们在情感上比较疏离,所以我可以享受极大的自由和独立;我很小就开始送报纸,所以从不缺零用钱;暑假时,我可以一早跳上脚踏车出去玩个够,晚餐前赶回来即可。我的一项特殊嗜好(甚至从小学开始)就是独自一人搭电车去听交响音乐会。

一直到好多年之后,我发现自己从来不允许我的孩子有那种自由时,我才开始对我的家庭有不同的想法。渐渐地,我意识到自己没有赋予孩子那种自由,不单是因为"时代不同了",而是在我的观念里，那种自由等于是感情上的离弃。我只知道，我希望我现在的家跟以前不同。

我曾想尽办法要博得父亲的好感。有一年夏天（那时我还在读小学），父亲有一项重大的工作，就是重新粉刷我们的木屋。我觉得有趣极了，希望自己能做父亲在做的事，所以我缠着他让我帮忙。我告诉他，我可以漆墙板下面几行。他不为所动地说："你根本不懂怎么漆，去找你的朋友玩，我有事要忙。"

几个礼拜之后，我参加了教会的"暑期圣经班"。工艺课的作业是要做一个鸟笼，如果我们及早完成，就可以自己上漆。当老师夸我把鸟笼漆得很好时，我开心得不得了。她说："你真是个杰出的油漆工，连刷子都拿得有模有样的。"

我迫不及待地把成品带回去给父亲看。当我把老师说的话告诉他时，他只瞄了我一眼，用轻得几乎听不见的声音"嗯"了一声，就回头去看他的报纸。

至今我仍记得自己当时羞红两颊的窘况。为什么我父亲总是累得提不起劲儿来关心我的事？

长大之后，我努力地寻找答案，想办法了解父亲过去的种种经历。我想知道他到底是一个怎样的人，来自何处。

我只知道父亲是从北爱尔兰来的美国。对于父亲是爱尔兰人、母亲大体上也算爱尔兰人这件事，我一直引以为傲。但是当我问起父亲这件事时，他只是粗暴地回我一句："我不想谈！"我常梦想着有一天可以去爱尔兰。有一次我问父亲，他有没有想过要回去，他的一贯答案是："绝不！"

父亲在爱尔兰时，正值尤瑞斯（Leon Uris）在他的小说《三位一体》（*Trinity*）中所说的大暴动年代，那是历史上一个残暴、恐怖的时期。父亲的确说了一点爱尔兰的事，我却听不懂。他提到"动乱"，又说一卡车一卡车的尸体被丢进河里。说完，他会陷入沉默，任谁都无法让他再谈下去。他好像极力要忘记自己的祖国似的。

但父亲所做的一些事又似乎与此相违。有时，我会发现他坐在卧室里，耳朵紧贴着收音机听加拿大电台播放英国女王的演说。我记得自己很纳闷地想："如果他根本不想谈家乡的事，为什么还那么在乎英国女王说什么呢？"

我到处调查、询问，不放过任何蛛丝马迹。后来得知，祖父在父亲13岁那年去世了（只是我一直都不晓得他是怎么死的），所以，照顾祖母就成了父亲的责任。几年后，即使全家人移民到美国，父亲还是得照顾祖母。我是从尤瑞斯的小说中得知，依爱尔兰的传统，最小的儿子有义务照顾寡母。父亲一直到33岁才开始独立过自己的生活，因为那一年祖母去世。35岁那年，他认识了母亲，两人就结婚了。

从小开始，一直到父亲去世多年，我都努力维护着父亲在我心目中的理想形象。如今，即使和姐姐有过那番对话，心中对离世许久的这个人也难免有愤怒和抱怨，但我发现，自己依然希望能替他解释。我还是会把记忆中绝大部分不好的事情化解开来。

我在发展心理学上的钻研只是使我对童年经历的合理化更具说服力。父亲的童年显然过得很悲惨，根本没有享受过家人之间的亲密关系。据我所知，祖母是个高大、跋扈的女人，整整控制父亲三十三年之久，而他的兄弟姐妹则早早自立门户，过着自己的生活。既然如此，我怎能奢望他与我之间有良好的关系呢？

但是，与姐姐谈过之后，我突然发现我更难相信自己对父亲的看法。最后，我不得不承认，父亲的确辜负了我，也在许多方面伤害了我。没错，他是情有可原的，事情也不完全是他的错，但伤害的确存在！

我开始将我的愤怒与我脑海中的父亲对质，有时是在开车途中，有时是在午夜辗转反侧之际。在想象中，我把自己曾经期望他能给予、而他从未给予的事物都告诉他。我告诉他，我很怕他，总是想尽办法避开他，免得惹他动怒；我告诉他，缺乏一位喜欢我、关注我在做什么的父亲，对我而言是多么地遗憾。就这样，我发现，在父亲去世二十年之后，我终于能为他的死感到悲痛，这是我当年做不到的。

我将闪过脑际的对话记下来，说给我信任的人听。当我这么做时，痛苦及愤怒的重担似乎就此卸下。令我惊讶的是，脑海中父亲的美好形象并没有消失，而是变得更真实、更完整。我还是会看到一个令我失望、伤害过我的父亲，但我同时也瞥见了他内心的良善及力量。我确信，父亲的新形象是更接近真实的。

我虽然处理了"父亲的问题"，但感觉整个过程好像还不完整。理想破灭了，但我觉得事情好像还没结束，整个过程还有一个步骤尚待完成：我需要宽恕我的父亲。

为什么？他不是已经死了吗？在这种情况下，宽恕有什么意义呢？我能得到什么呢？这些问题的答案让我对宽恕有了一个全新的认识。这解决了我自己的问题，也对我处理病人的问题和这本书帮助良多。我意识到，宽恕是解决过去创伤的关键。没有宽恕，就没有安息。

当我努力去解决这些问题时，正值我开业做心理医生之际。令我困扰的是，即使我尽了力，也下了极大的决心，要让事情"不一样"，但我还是注意到，对待孩子，我沿袭了父亲对我的那种冷漠。因此，对于家庭如何运作，以及人所怨恨和鄙视的家庭模式何以会世代相传的问题，我开始投注极大的心力。在我的生命及我所面对的人当中，有许多的谜团，我对家庭疗法的钻研则提供了解开这些谜团的方案。

你与父母的问题可能与我的不同，也许是更大的痛苦及伤害。但当你读这本书时，我希望你记得，你目前正在经历的委屈、困惑及痛苦之途，我都走过；而我也知道，只要你依循宽恕之道，必能得到解放。当我真正宽恕了我的父亲（为他所做及未做的一切），我才感觉到，我与他的关系恢复了。而当我与父亲恢复了关系时，我发现其他的人际问题也一并获得改善，包括重新接纳我的家人。

奉劝各位一句：许多人一看到"宽恕"二字，就打退堂鼓。请不要如此。本书的目的就是阐释宽恕的真正意义。我们将会了解到，宽恕的最大价值在于，它能影响我们的内心深处。而且，宽恕也与伤害我们的人无关，除非到后来真的需要他们的参与。宽恕是为了自己，它能使我们重获自由。

第一部
解开家庭的包袱

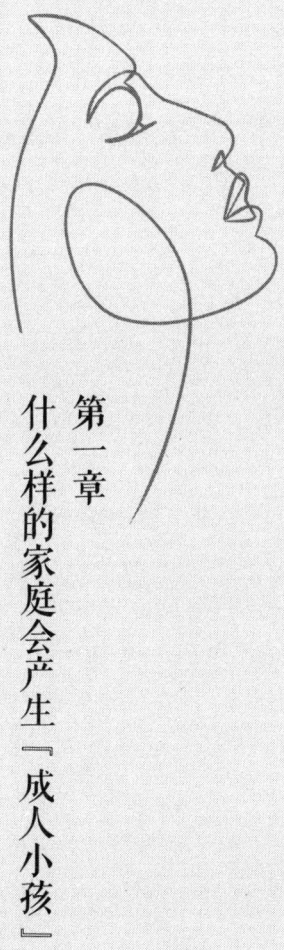

第一章 什么样的家庭会产生「成人小孩」

当他们清楚家庭运作方式带给他们的影响后，就能从这些影响中得到释放，重新开始一个较为愉快、丰盛的人生。

布莱恩的情况不妙。

他在来找我之前,已经住院四次,问题大致相同:严重沮丧、与人疏离、有自杀倾向。他所去过的医院和诊所竭尽所能地提供可能的疗法。但是,布莱恩都只是略微好转一阵,暂时好到可以回家休养。但过不了多久,他的症状就会再度出现,回到最初的状态。

我[1]与布莱恩详谈许久。我问了他很多问题,关于他自己、他的感受、他的困扰以及他的家庭状况。根据经验,家庭模式往往是解开谜团的关键。在他向我透露的事情里,有一件颇值得注意:几年前(就在他第一次住院前不久),他的堂妹席拉曾企图自杀。虽然自杀未果,却导致终身残疾。

布莱恩痛苦地说,他的家人把堂妹的遭遇全都归咎于他。因为席拉在自杀的前一周曾向布莱恩诉说心中的孤单与绝望。布莱恩当时察觉到情形不对,曾问她是否想要自杀。席拉极力否认,然而在一个礼拜之后,她竟自寻短见,造成终身的遗憾。

布莱恩的家人得知这段对话后勃然大怒,他们觉得布莱恩早该预知事态严重,他早该坚持让席拉寻求援助,他早该把事情告

---

1. 在本书中,凡是作者提到"我",指的即是史都普;若是提到"我们",则是指史都普与曼斯特勒。

诉其他人。席拉虽然推说她不会自杀，但那根本不足采信。总之，全家人似乎都认为，这全是布莱恩的错。

慢慢地，布莱恩也如此认为。事发当时他才15岁，还无法分辨席拉是否在求救。但是，他却觉得自己该为整件事负责：他的父母、叔叔和婶婶是对的，这全是他的错，他理当为席拉的悲惨遭遇受责。若说悔恨交加的感觉几乎逼得他发疯，一点儿也不夸张。

在我们谈话的过程中，我向布莱恩指出，他的问题无形中已发展成一种模式：每当他住进医院，也就是远离家人时，他的情况就好转。然而，一旦出了院，回到家中，不用几个月，他的病症就又会复发。

我向布莱恩解释所谓"功能失调的家庭体系"（dysfunctional family systems）——在此类型家庭中，彼此行为与关系运作的模式促使家庭成员变得更加不健康。我谈到在这类家庭中，各个成员被赋予的角色，以及角色所加诸每个人的影响。我特别提出"替罪羊"这个角色——家中其他所有成员都将自己的罪恶感和羞愧感推卸给这个角色。谈得越多，布莱恩与我便越明白，他的问题至少有一部分是源自高度功能失调的家庭。假使布莱恩要保持健康，一些家庭模式和运作方式必定要改变。医院所提供的诊疗法固然是相当重要的因素，但是就布莱恩的病情而言，家庭问题却是关键。当我们着手解决这个问题时，布莱恩其他方面的问题就变得容易掌握得多，而他整个人也变得稳定多了。

> 孩子并不晓得造成痛苦的原因是什么。事实上,他们不明了功能失调的家庭是不正常的。甚至身体遭受虐待的孩童,在幼年时并不明白正常的父母是不毒打小孩的,他们以为除了遭受毒打,别无生存方式。
>
> ——《超越生存线》[1]

不明就里的女儿

在大多数人看来,茱莉的家庭十分"幸福美满"。表面上,她的父母亲就像"夫唱妇随"的传统典范一样,令人称羡。他们结婚至今仍忠于对方。她的父亲外出赚钱,母亲则在家中照顾孩子。然而,暗地里,这个家庭却是暗潮汹涌、水火难容。

有一天,茱莉说出了一个难忘的痛苦经历。当时,大约4岁的她正跟随着父母同行,不晓得因为什么事情,她的父母开始争论不休。突然间,她的母亲迈步走开。几乎就在同时,她的父亲严词厉色地转向茱莉,抓住她肩膀,用力摇晃,将她硬生生地摔在地上。

茱莉的母亲停下脚步,只是立在原处,凝视着茱莉,然后转眼盯着茱莉的父亲。终于,她伸手招呼茱莉。茱莉哭着奔向母亲,倒在她怀里啜泣。

几分钟之后,茱莉和她的母亲走到转角,发现她的父亲站在

---

1. Nancy Curtis, *Beyond Survival*, Lake Mary, FL: Strang Communications, 1990, 27-28.

约莫二十英尺远的地方。他的手插在口袋中,低着头,局促不安地缓步走来。"他就像一个受伤的小男孩,"茱莉说,"就像是知道自己做了坏事而不知所措的小男孩。"

茱莉的母亲和父亲都未发一言,只是沉默地会合,重新并肩同行。茱莉记得她父亲伸手拨弄她的头发,但她迅速闪开,因为他暴怒的恐怖仍令她颤栗不已。奇怪的是,她的母亲似乎已将一切遗忘。她一手握着茱莉的父亲,另一手握着茱莉,三人并排而行。多年之后,茱莉仍记得当时困惑、受伤的情绪。至今她仍大惑不解,何以她的父亲如此待她?何以她的母亲竟容忍她父亲这样做?而事情发生后,他们怎能若无其事地继续同行?

聆听茱莉的故事时,我极想知道,有多少时候,同一幕景象不断在茱莉身上重演?有多少时候,茱莉在父母亲突发的暴怒之下,被奋力甩在一旁?我也怀疑在她父亲的童年时期,是否也曾被摔在一边,独自承受不明的恐惧与伤害?茱莉形容她的父亲就像一个"受伤的小男孩"。我猜想,这个描述的背后所蕴涵的真相远比她知道的多。

至于茱莉的母亲,她的行为透露出她所学习到的处理冲突的方式——显然是避免冲突,退居一旁,袖手旁观,等待风暴过去。茱莉的母亲夹在与她关系至深的两个人当中,默默承受爆发的危机,期望有较好的结局。

此时,我和茱莉对于她自己的家庭及她父母的家庭有了更深的了解。我们观察到行为模式如何跨代传给她的父母,再传递给她。她开始明白,她母亲和事佬的角色,使得问题无法被妥善解决。她还发觉,"保持缄默"的禁令阻止了她的家人谈论过往的经验、处理不愉快的事实。当茉莉对以往的痛苦有新一层的认识后,她发现自己获得一种前所未有的自由。过去不健康的自我形象和沮丧的情绪几乎毁了她的一生,现在她才逐渐从中解脱出来。

无人相信的小孩与不愿回忆的父母

玛丽的故事听了更叫人心碎。她沮丧的症状十分严重,而且为时已久。要剥下她的冷漠厚茧,深入情绪的里层,探究她的家庭背景,对她而言相当困难。

她的家庭对她来说简直就是一个梦魇。她的父亲是个酒鬼,母亲则有虐待的倾向。玛丽说,有一次她的母亲用挂毛巾的铁架责打她。父母两人更是常常口出秽言凌辱她。玛丽说,当他们两人外出,留她与哥哥在家时,她就会大大松一口气。

然而就在玛丽8岁的时候,她哥哥强暴了她。当母亲回到家后,玛丽哭着告诉她所发生的事。她母亲不但没检查她的身体,反而在她哥哥矢口否认后,骂她是个骗子,要她自行回房。从此以后,玛丽和她哥哥都学到一件事:乱伦的行为可以持续下去,而玛丽唯有默默忍受。

玛丽花了好长一段时间才回忆起这些事情。当她最初来寻求帮助时,她甚至不知道遭受性侵害是问题的重要原因之一。直到这个问题暴露出来,玛丽才恍然大悟,"保持缄默"的禁令曾如何禁锢她的一生。

相反，当莉蒂来到诊所时，她十分清楚自己需要处理遭受性侵害的问题。她的继父从她12岁开始，直到16岁离家出走前，不断对她进行性骚扰。她的母亲知道事情的经过，却没有任何行动。她只是默默地在另一个房间等待事情过去。有时，她甚至亲眼目睹事情的发生。

针对这个问题治疗了一段时期之后，莉蒂的诊疗师安排她母亲和继父到医院一同会诊。莉蒂写下她想对他们说的话，甚至与其他病人一起练习要说的内容。她不打算指名道姓地高声大喊或用夸大的言辞来控诉，她只想将事情的经过及内心的感受清楚直接地呈明。莉蒂和她的诊疗师都认为，唯有这样做，才能从苦恼怨恨和过去痛苦的经验中释放出来。

然而，在莉蒂陈述的过程中，她父母出奇地沉默。等她一说完，他们"两人"竟异口同声地否认！他们面无表情，十分镇定，唯一表现出的情绪是对莉蒂的愤怒，因为她竟然在一位陌生人面前控诉他们"这么见不得人的事情"。莉蒂可说是碰了一鼻子灰。她回到病人小组中，诉说她对父母拒不承认的失望。然而，整理过感受之后，她至少能够认清为何自己会被过去的经验捆绑得如此牢固。

在赖瑞生命中的最初五年，日子总是在等待中度过。他常常坐在汽车后座，等待父母酩酊大醉地从酒吧里跌跌撞撞地走出来。他逐渐习惯了被人遗忘。有一天，他站在姑妈家的前院，看着父母驾车疾驶而去，再次留下他一个人。但这次不同了：他父母从此再没回来。

就像早年恶劣的经验一样,一直到成年,他都生活在一个挥之不去的阴影底下。他十分困惑:他父母到哪里去了?他们为什么离开他?现在他们在何处?赖瑞家族里没有一个人知道答案。他必须不断地学习去填满被父母遗弃后所留下的巨大空洞。当他来诊所求医时,几乎到达崩溃边缘,因为多年来他一直用尽方法去博取每个人的认同。逐渐地,他开始明白,他目前的生活形态与童年的经验和被遗弃的恐惧有直接的关系。

功能失调家庭下的"成人小孩"

前面描述的故事以及其他我们可以一一复述的例子,每一个都是独立的个案,彼此间的家庭背景和生活环境都有显著的不同,但却有一个非常重要的共同点:他们都是功能失调家庭的产物。所谓功能失调,指的是家庭关系及运作模式十分紊乱。

套句惯用语,前面所举的例子都是功能失调家庭下的成人小孩(adult children of dysfunctional families)。在成长路上,他们经过各种情感、心理上的挣扎和人际关系上的问题,直到成年以后才意识到他们之所以"长成这样的性格",部分原因是家庭背景使然。当然,一些其他因素也应考虑在内。但就以上的例子和许多其他的例证来说,家庭运作的方式是通向复原之路的关键所在。当他们清楚家庭运作方式带给他们的影响后,就能从这些影响中得到释放,重新开始一个较为愉快、丰盛的人生。

我们的故事都是从辅导的临床经验举证而得的。有些显然比其他的更戏剧化,也更悲惨;有一些却好像平淡无奇,如茱莉被发怒的父亲推倒在地的故事。在这个例子里，家庭功能失调的情形没有太过极端，外表上也不明显，然而问题的存在却是"丝毫不假"。我们相信，绝大多数人一旦懂得如何去寻找问题的根源和正确的解释，并对家庭运作的失调有清楚的认识，必能得到帮助——不论我们的过去是否因家庭失调所导致的种种后果（如遭毒打、性侵害、父母离异或其他遭遇）而刻下伤痕。

> 童年时期，我们很容易改变自己的个性以适应环境。假如环境提供给我们的是支持、教养和成长的空间，我们就可以很自由地发展我们的独特性。相反，若是我们的环境十分严苛，充满要求与条件式的爱，我们就会被迫改变自己的行为，以符合他人的需要。我们将真我替换成一个较为被父母接受的假我，因我们极其需要父母的爱与肯定。本质上，我们牺牲了真正的自己，来满足父母的需求。
>
> ——《沉重的父母之爱》[1]

此刻，我们需要阐述一些重要的论点。"成人小孩"和"功能失调家庭"这两个观念在最近几年变得非常流行，坦白地说，甚至成了一种"趋势"。几乎每个人都为自己贴上"某某情况造成的成人小孩"的标签，并且学会解释，甚至作为借口——把自己"失调"的行为怪罪于父母或家庭的失调。

---

1. Laurie Ashner and Mitch Meyerson, *When Parents Love Too Much*, New York, NY: Avon Books, 1990, 53.

何以会如此？问题就出在，我们原本就生长在一个不完美的世界里。我们在不完美的家庭中，接受不完美父母的抚养。扪心自问，我们不得不承认自己的确成了不完美的成人。因此，就某些方面而言，我们"全"都有资格把自己看作"功能失调家庭下的成人小孩"。

但是，一个无所不包的定义，对我们的帮助并不大。因此，我们所讨论的问题其实分成了几个不同层次。首先，我们当中有些人可能认为自己像是某个名人所描述的，是从"基本原始、日常琐碎、平凡无奇的功能失调家庭"长大的孩子。我们晓得父母有他们的弱点，而我们的家庭也不是完美无缺的，但我们从不认为成长的过程因这些缺陷而受到什么负面影响。然而，大多数将自己归类于这个层次的人会惊讶地发现，过去所忍受的"小小"伤害，对于他们一生的影响竟是如此巨大。若是你将自己归于这

> 你可能因为你父亲不是个酒鬼，就认为你的家庭不算是功能失调……然而，真相是：由于所有父母（包括孩子）的堕落天性，每一个家庭都有问题，也有某种程度的失调现象。上瘾和强制性的行为（过于沉迷食物、性、工作等等）即使在"最优良的家庭"里，也是司空见惯的。而这些行为几乎都与家庭功能失调的背景有关。
>
> ——《家谱的秘密》[1]

---

1. David Carder, et al., *Secrets of Your Family Tree*, Chicago. IL: Moody Press, 1991, 15.

个层次，我们提示你读这本书时，要留心这本书所带给你的内在启示，看看其如何使你自己的生活过得更加丰盛，也使你的家庭生活更加美满。

有些人一看就知道这本书写的正是"他们"的故事。当你读到布莱恩、玛丽、莉蒂及其他几个例子时，脑中立刻"铃声大作"，有内在的声音对你说："他们所说的正是'我'，所描述的正是'我的'生活。"若是你属于这个层次，我们相信这本书会帮助你通向健康的成长、复原之路。

另外也有些人对这点并不是十分确定。你也许从未听过"功能失调家庭"，更别说它的意义及应用了。你所知道的只是，你的生命中"有些不对劲"，可能是挥之不去的沮丧、脾气暴躁易怒、性情极度焦虑、对人无法信任，也难以建立亲密关系。也许你已经试过很多种方法来解决你的问题，也收到不同效果，然而，你却发现自己仍然在寻找解决问题的真正关键。假使你将自己归于这一类，我们建议你仔细地阅读这本书。或许这会是令人屏息的一刻——一个自我发现与自我成长的新开始。

家庭：谁需要它？

我们回到本章开头的故事情节中。既然故事的主角们从父母身上受到如此多的痛苦与折磨，为什么他们不毅然决然地"离开家庭，一走了之"？这的确是个令人困惑的问题。一旦发觉问题的根源是来自家庭的缺陷，大多数人就很容易产生这种想法。如今我们不是成人了吗？我们不是具有思考、行动和作决定的能力了吗？为什么不将家庭抛诸脑后？为什么不永远遗忘他们，埋首过我们自己的生活？我们不想旧事重提，所以，何必再想起他们。

此外，我们的内在有一种驱力，使我们难以下此决定。我们无法一走了之，假装家庭从未存在（坦白说，等我们一路看下去，就会发现企图"一走了之，装作家庭从未存在过"是下下策）。我所遇见的每一个从功能失调家庭出来的个案，都对自己的遭遇感到无比痛心，到一定程度后，他们便不愿再与父母有任何牵连。然而，他们却发现自己不断地被吸引回去。在内心深处，他们仍存有一股渴望，需要从家庭里得到某种满足。何以如此呢？为什么即使我们成年了，我们的家庭仍然强烈地吸引我们？

要回答这个问题，需要回顾我们在家庭中最起初的经验。在幼年时期，家庭是不可或缺的。原因有二：首先是为了维持我们的生存，其次是为了我们早期的发展和社会化。

只要稍微观察幼儿，就能了解生存的模式。除了人类以外的大多数动物，在数周或数月之内就将幼子推出巢外。但是，人类的幼儿却要倚赖父母（或其他家族成员）数年以上。

即便长大成人了，我们与家庭的"脐带"仍然维系着。由于幼儿时期急切需要家庭的呵护，我们与家庭发展出了一种密不可分的关联——即使这种家庭关系是有害的。当我们成年后，这种需要仍以不同的形式存在着，不断地提醒我们与家庭最初的依存关系。

> 许多人离家之后，总是发誓绝不要像父母那样。不幸的是，我们学到什么，就成了什么样的人，结果父母还是占据在我们心中。直到长大后，我们才发现自己从未真正离开家。事实上，在许多方面我们就像是父母的翻版，上演着同一出戏码，只是演员不同而已，故事仍然一脉相承，"错乱失序"。
>
> ——《错乱失序》[1]

成年后，不论我们多么努力否认，我们对家庭的需求仍如影随形地萦绕心头，不断牵扯我们回到家庭的源头。最常见的例子莫过于迫不及待离家的年轻人，离家后却还是会不时想回家尝尝家常菜，或拿些钱用，以及（即使他绝口不承认）得到父母之爱。

人类对家庭的需求极其强烈，难以想象，即使在最不可能出现的个案里亦然。举例来说，莉蒂对母亲和继父了解得一清二楚。她知道自己在他们手中吃尽苦头，而据我猜想，莉蒂深知她的父母无视他们对她造成的伤害，更遑论为所做的事负责了。然而，她却又渴望得到他们的爱。这份渴望一直存在，甚至在会诊时，他们矢口否认对她烙下的伤痕之后，仍丝毫不减。

想要杀死父亲的儿子

就家庭的需求来说，孩子对父母有一种无可替代的渴望；反

---

[1]. Robert Subby, *Lost in the Shuffle*, Deerfield Beach, FL: Health Communications, Inc., 1987, 92.

之亦然。众所周知，出于本能的母爱无比伟大。我从未见过不想爱子女的父母，不论他们属于哪个阶层。我曾见过不知如何去爱、想爱却失败以及失败后不愿再尝试的父母，却从未遇见一对父母不想成为"理想的好父亲或好母亲"，有些甚至不顾一切地想要达成这个愿望。

假使父母作如是想，假使他们如此疼爱孩子，又为什么会做出这么多危害孩子的行为？部分的答案在于父母个人早期的家庭经验。

以雷依为例。他向我述说青少年后期对父亲的憎恨。18岁那年，他找父亲一起散步，计划要杀了父亲（真的不夸张）。就在他思索要如何下手之前，他第一次问父亲为什么要对他那么残暴。

"我问他这个问题时，发现他竟然泪水盈眶，"雷依回忆道："我非常惊讶。我从未见过他流露出任何感性或温情。他告诉我，他的爸爸（也就是我的爷爷）在他小时候也是这样待他。他爸爸会用马鞭抽他，甚至有一次，我爷爷也用马鞭抽打奶奶——因为她想阻止爷爷继续鞭打我爸。"

雷依和他父亲默默同行了一段路。接着父亲转向他说："你知道吗，雷依，有几次我恨不得把我爸杀掉。"

经过这件事，雷依想谋杀父亲的怒火平息了下来。但是，他心中充满了矛盾。一方面他仍对父亲感到愤怒，一方面却又同情父亲的遭遇。最令他大惑不解的是父亲的行径。"他怎么会用他父亲对待他的方式来对待我呢？"雷依问道（这个问题问得好，接下去我们就会解答这个问题）。

破碎的家庭

家庭的模式不断变迁已不是新闻了。过去许多近亲同住在一个农庄里，或至少住得很近，共同形成一个大家族。而今大多数的家庭都住在城市或郊区，也只与自己家人同住，而且越来越多是单亲家庭。原本由大家族所提供的支持和照顾，大部分转而由朋友及熟人提供，有时甚至未必有这些支援。

家庭的变迁日益成为学者关注的焦点。许多学者做出大量统计数字来描述变迁的情况，但是这些数字、图表却对了解变迁发生的原因帮助不大。我们获得了离婚率激增与下降的详尽资料，也得知越来越多儿童遭遇家庭破碎的痛苦。然而，对于如何扭转这个趋势及如何帮助受伤者复原，我们却所知甚少。

变迁的其中一项因素是妇女角色的改变。妇女在经济和社会上赢得了些许平等的地位，但是经由这些改变所产生的效果尚无法融入固有的家庭模式中。究竟新女性能不能成为传统家庭的一分子，仍是学者争论的焦点。

目前我们讨论的重点不在于变迁的好坏。我们关注的事实是，改变的速度快到令人目不暇接，以致固有家庭的模式无法跟上脚步。

家庭陷入困境是毋庸置疑的。我们只要听听朋友和同事的心声，甚至只要反省一下自己的担忧与挣扎，就可以了解，我们过去所熟悉的家庭模式正遭遇前所未有的冲击。（越来越多年轻人害怕结婚，因为他们不想重蹈父母那一代人梦想的幻灭与失望。就算他们结婚了，也有多数人不想有孩子。）

显然，有些地方不太正常。但究竟我们该如何界定正常呢？

正常家庭

什么是"正常家庭"的模式？20世纪40年代后期至50年代美国"婴儿潮"时期，一对夫妇和两三个小孩组成的小家庭非常普遍。是否这就是所谓的正常家庭？还是电视节目美化的"三代同堂"才是正常家庭模式？

这个问题不像表面看起来那样容易回答。早在有历史记载之前，家庭就已经诞生了。即使在《圣经》第一卷——《创世记》里，对家庭的描述也是想象多于解释。毋庸讳言，创世记的确提供了许多不同的家庭模式，与人类学家所提供的画面十分相似。看起来似乎有多少不同种类的人类文化，就有多少不同的家庭模式。

即便如此，所有的家庭模式仍有共通的基本要素。把焦点集中在这些要素上，至少可以使我们对所谓"家庭"有一个基本的了解，在进行讨论时有共通的基础。

第一个共通的要素是要有一对特定的男女结合在一起。在某种层次上，他们的关系是稳定且排外的。在我们所熟悉的文化里，这是以婚姻的形式表现的。

第二个共通的要素是父母—孩子的关系。因着特定男女的结合所产生的子女，就某种意义来说，单单"属于"这对男女所有，而他们对于子女也责无旁贷地必须照顾、抚养。

当然，以上模式也不是一成不变的。今天，我们对单亲家庭已经习以为常。尽管这个模式已司空见惯，但是一般大众仍不会认为这是一个理想的家庭模式。没有人会建议将单亲家庭模式推及每一个人。其他的模式，如由一大群成人组成一个大家庭，共同照顾一大群孩童，这个方式也被试验过，但绝少成功。

如此一来，我们对于"正常"家庭的构成似乎可以获得一个最基本的概念。实际上，建立一对夫妇加上孩子的家庭模式几乎是出于人类的天性——有时家庭的成员因着爷爷奶奶、叔叔伯伯、阿姨婶婶、表（堂）兄弟姐妹等延伸家族的加入而有所变化。由于本书旨在反省家庭运作对于孩子的影响，特别是研究"成人小孩"的成长过程，因此，我们将专注于"正常"家庭中父母—孩子的要素上。当我们了解抚养孩子的根本目的后，就可以对"正常"家庭的定义作出修正。

我们出生后第一件事——甚至在我们都还没有意识到自己在做什么之前——是与一位可以提供给我们安全和信赖的人形成一种亲密的关系。通常，这个人是母亲，尽管父亲也扮演重要的角色。由此，我们可以说，构成一个健康家庭的条件之一，是提供一个爱的环境让孩子学习信任。

人生第二件大事是在爱与信任的环境中，认清自己是独一无二的个体。这有时被指称为"个别化"（individuation）。在这个过程中，逐步地发现什么使"我之所以成为我"。我们是否能完成这第二件大事，主要看在第一阶段中，父母和环境提供给我们多少爱与安全感。

由于孩子在第二阶段的发展必须有"无条件的爱"作为根基，因此我们可以将正常家庭定义得更为圆满：正常家庭是一个使我们体验到无条件之爱的地方，不但提供安全感，而且给予我们自由去发展成为有自主性的个体。

家庭盟约

上述这种家庭关系的例子可在古代盟约的观念里找到。在盟约的关系里，立约的双方全然并且单方面地信守盟约。

"单方面"这个词相当重要。在大多数关系及合约中，双方都认为只有对方"持守约定到底"，自己才甘心受合约的束缚。若是另一方无法履行承诺，那么我这一方也不必遵守约定了（目前我们社会的合约都是这样运作的）。但盟约却不是如此。在盟约的关系里，即使有一方无法坚守盟约，另一方仍要履行它所担负的义务和责任。

西方世界对盟约观念的了解大部分是来自于《圣经》。《圣经》中提及两种盟约。第一种是两人（或两人以上）的盟约，立约双方处于平等的地位。商业合同就采用这种盟约的形式，而最明显的例子当属婚姻。

第二种盟约涉及领主对于臣属无条件的供应。在此约中，领主承诺要保护并照顾他的臣属。君王与子民立的便是此种盟约。显而易见，父母和孩子的关系亦属这种盟约。

总而言之，家庭可说是由上述两种盟约交织而成：一是丈夫与妻子之间"横向"的盟约，二是父母与孩子"纵向"的盟约。

在本书中，我们将集中讨论父母与孩子层面的关系。然而，事实上，这两种盟约都非常重要，若缺其一，就无法创造一个无条件之爱的环境，让孩子发展为有自主性的个体。

要注意的是，有盟约的存在并不表示关系就一定和谐。恰恰相反，在人类的任何关系里，守约的双方都会有反复不定、经历试炼和挣扎的时候。重要的是他们是否有决心冲破难关，致力于解决问题。盟约的稳固性经常受到考验，它们会被破坏，但也可以被修复。

另外要注意的是，盟约之爱的稳固性和遭受破坏之后的负面影响都会延续数代。每一个独立的家庭，或说每一个亲子关系，只不过是一长段时间链中的一个小环节。当我们审视功能失调家庭的问题时，要追溯这个家庭的父母是否也受到他们各自家庭的影响。同时，我们也要避免将家庭中失调的行为传给下一代。

综上所述，所谓功能失调的家庭，意味着盟约之爱（尤其是亲子之间爱的联结）遭到扭曲与破坏。盟约是如何被破坏的，以及应该如何修复（并扭转破裂后产生的负面影响），都是本书的主要课题。

自由和改变

由此总结出，我们都深受家庭的影响，而每个家庭或多或少都有些不健全的地方——今日的家庭尤甚。因近几年来家庭遭遇了前所未有的冲击与变化。家庭的"不健全"使我们成年后的生活遭遇相当多的困难，有些人的情况更是严重。一般而言，我们都属于"功能失调家庭下的成人小孩"。

尽管我们努力想切断"家庭的脐带"，但是这个联系却根深蒂固。想得到自由，唯有正视家庭问题，具体地了解我们的家庭何以不健全、为何它不能提供一个无条件之爱的环境让我们健康成长。正视问题的目的并不是要使我们有自怜的理由，或因此藐视父母；相反，了解得越清晰，就越能促使我们采取行动，宽恕曾经伤害我们的人，借此从过去的阴影中得以解放。

> 通向复原的必要步骤之一，是以平常心来看待抚养我们的人。我们必须揭开自我否认的面纱，正视我们的过去，不再欺哄自己。
>
> ——《错乱失序》[1]

下一章，我们会以离家出走的青少年翠西为例。她的故事将引导我们揭开功能失调家庭运作体系之谜。只有当翠西和她的家人了解到翠西在家庭体系中扮演的角色，根本的问题才能呈现出来。也唯有如此，才能带来真正的自由与改变。

---

1. Robert Subby, *Lost in the Shuffle*, Deerfield Beach, FL: Health Communications, Inc., 1987, 89.

章后实践指导

一、你是功能失调家庭中长大的成人小孩吗？这里的"家庭"指的是你的原生家庭。为了获得这个问题的答案，请尽你所能地回想，并诚实地回答下列问题。把你的答案写在日记或笔记本上，以便在完成全部的章后实践指导后，可以从头回顾。

1. 你的家人是否尊重你，视你为一个成人？
   a. 如果答案是"否"，那么是谁不尊重你？
   b. 他总是用这种态度对待你吗？
   c. 你认为他为什么不相信你已是一位成熟的大人？

2. 家庭成员中是否有人喜欢控制他人？
   a. 如果有，他是用操控（利用弱点或危机，促使家人扮演原来的角色），还是恐吓的方式进行控制？
   b. 对于他的控制行为，你的内心如何反应？
   c. 你的外在又如何表现？
   d. 如果你外在的行为表现与内心的真实感受不同，是什么原因使你表里不一？你害怕表达出真正的感觉后会发生什么事？

3. 孩童时的你，是否被容许表达自己的感受和意见？

　　a. 假使不被允许，你如何处理这些感受和意见？

　　b. 现在你是大人了，可以表达你的感受和意见了吗？

4. 酒精和毒品的滥用如何影响你的童年时光？

　　a. 在你最亲近的家人中，有谁滥用酒精或毒品？

　　b. 酒精和毒品的滥用，给你带来什么危机？

　　c. 在这种情境下，你有什么感觉？

5. 你或家人遭受过精神、肉体或性的虐待吗？

　　a. 这些虐待是不能说的秘密吗？如果是的话，你如何保守这些秘密？

　　b. 如果你是受虐者，你曾为自己寻求哪些帮助，以解决受虐的问题和精神上的痛苦？

　　c. 如果你曾见到他人受虐，你当时采取了什么行动？

6. 有哪些记忆从小至今仍然困扰着你？

　　a. 这些记忆与其所造成的内在搅扰，妨碍你过正常的生活吗？

　　b. 如果有必要，你愿意回顾这些记忆，好使自己从负面的影响中获得自由吗？

7. 在功能失调的家庭中长大，对你的生活有什么影响？

　　a. 负面的影响是什么？

b.（在你设法战胜过去时）有什么正面的影响？

二、你准备好从过去的束缚中挣脱，获得自由了吗？你准备好为自己、你的康复和你的未来承担起责任了吗？如果你的回答是肯定的（就算是稍有迟疑的肯定），都请你填写下页的"自我疗愈承诺书"，并签名立约。为履行各项约定，你要信守承诺、坚持不懈，即使你可能会因此觉得受强迫而感到痛苦。你可以与家庭成员以外支持你的人分享这份契约，使你在履行契约的过程中，可以得到支持。

自我疗愈承诺书

　　我（姓名）＿＿＿＿＿＿＿＿同意自＿＿年＿＿月＿＿日起，尽我所能完成我所需要且应得的疗愈。我与自己立约，要尽一切力量去面对我的家庭实况、处理自童年以来悬而未决的问题，并试着原谅父母和自己。

1. 我愿意每天花 ＿ 分钟的时间默想本书的教导，并思考如何把这些教导应用在我的生活中。
2. 我愿意尽全力，每日坦诚地逐项记录各种浮现的感觉。我愿意记下与我的疗愈密切相关的记忆。
3. 我愿意努力找出自己"功能失调"的部分，探究这些失调是否与我的家庭模式吻合。我愿意找出我还不肯原谅的人，并试着了解为何我与家人的关系会和我自己失调的习惯模式有关联。
4. 即使知道他人对我的生活造成影响，我也愿意不再怪罪他人。不论有没有家人的支持，我都要为自己的医治负起全部的责任。
5. 我容许自己流露出真实的感受，不再压抑。每当这些感受浮现在心头时，我就记录下来。
6. 若我发现无法靠自己履行以上各项约定，我愿意寻求支持团体或辅导师的帮助。

签　名：＿＿＿＿＿＿＿＿＿

日　期：＿＿＿＿＿＿＿＿＿

见证人：＿＿＿＿＿＿＿＿＿（没有也无妨）

第二章
家庭运作体系之谜

关系的模式一旦确立，每个成员就都被赋予固定的角色。即使环境改变，系统中仍有一股强大的力量来维持现状。

翠西的父母感到心力交瘁，不得不寻求心理辅导的帮助。原来他们16岁的女儿已经离家出走了许多次，而且一去就是好几个礼拜。他们的担心不无道理。

如果用传统的眼光来看这件事，我们会说是翠西出了问题，需要帮助，她的父母就是这个看法。究竟他们的女儿出了什么问题？她怎么会采取这样的行动？该如何改变她的行为？他们认为问题全出在她个人身上，这点是可以理解的。

但是，他们的心理辅导师却从另一个角度来看这件事。在他看来，翠西不只是独立的个体，她是整个家庭的一分子，是整幅画的一部分。他认为，不论翠西有多少个人的问题——毋庸置疑的是，她的确是有——然而，她的行为也深受家庭经验的影响。

在与翠西、她的父母和两个妹妹交谈数次之后，一个家庭模式开始浮现出来。原来她父母的婚姻出现了问题，他们经常吵架，并且不止一次提到离婚。两年前，他们分居了几个月；就在父亲重新回家后不久，翠西第一次离家出走。她的父母虽然十分清楚他们的夫妻关系出现问题，但却没有看出翠西的行为与他们的婚姻问题大有关联。

直到一次联合协谈时间，翠西与她的父母都出席了，这个谜底才揭开。

在协谈中，辅导师首先称赞翠西说："你是因为忠于家庭的缘故才不停地离家出走，对吗？"他继续说："你太关心家庭的幸福了，甚至不顾自己的安危。"翠西略微脸红，轻轻点着头，微微笑着，她显然明白辅导师在说些什么。

然而，她的父母却听得一头雾水。他们生气地大喊："忠心？这关忠心什么事？你为什么称赞她离家出走？"

等震怒稍事平息后，辅导师说："事情是这样的，在协谈期间，很显然，你们俩只在一件事上意见一致，就是翠西有问题。似乎只有在解决她的问题时，你们才能被联结在一起。"

"就我看来，翠西有点发觉到，每当她行为正常时，你们就开始争吵得很厉害。我想，她下了一个结论：唯一能使这个家庭复合的方法，就是制造危机，迫使你们团结在一起。你们的婚姻问题无形中指派她扮演'家庭替罪羊'的角色。她离家出走，使你们忧心，无非是扮演好她被赋予的角色罢了。"

经过这次谈话，约谈的重心由"翠西有问题"转移到"这个家庭有问题"。这对夫妻后来又几次与辅导师倾谈，他们开始检讨彼此的关系和对孩子造成的影响，过程十分艰辛。现在他们的关系已有长足的进步，但仍有很长的一段路要走。但至少他们学到一个重要的功课：将家庭视为一个体系，是很有帮助的。

家庭有机体

20世纪50年代，心理学家对家庭有突破性的发现。原本他们只是想研究精神病患者的行为，他们采用的方法之一就是观察病人与家人互动的情形。出乎意料的是，许多他们认为是精神病的个案，其实根本没有病。单就病人的行为来看，似乎是不可理喻；但若是考虑到家庭背景的因素，大部分病人的行为都可被视为完全合理、正常。换句话说，有问题的不是个人，而是整个家庭功能失调了。就某个角度而言，这些外表上看来失常的个人，只不过是在扮演家庭要他们扮演的角色而已，就像翠西的角色促使她惯性离家出走一般。

家庭不仅是互不相干的一群人偶然聚集在一起，共享同样的姓氏和住址；它更是一个有机体，每个成员的态度、价值观和行为都与其他成员息息相关。成员彼此之间互相塑造。每一个成员性格的养成，部分是为了与整个家庭体系配合。我们许多的行为模式——不论健康与否，都来自在独特的家庭体系中所扮演的角色。了解家庭的体系和我们所扮演的角色，将可解开许多情绪上和行为上的难解之谜。

直线思考和交互思考

你可能还记得高中物理课时学过的一个定律："每一个作用力都有一个大小相等、方向相反的反作用力。"这个定律就是直线思考的例子：若我做 A，就会产生 B；若没有产生 B，就一定是 A 做得不完善。这种思考方式是现代科学的根基，对了解实验的进行有莫大的帮助。

然而，我们如果用这个思考方式来了解人际间的关系，那就行不通了，更别说理解家庭的运作。若涉及人类的关系，尤其牵涉到像家庭这样的体系时，就必须应用交互思考法。我们必须懂得，我们的行动不一定会带来预期的反应，对方有可能作出完全相反的反应，甚至毫无反应。

理由很简单，因为我们交涉的对象是人。他们拥有自己的思想、感情和意志，这些都要计算在方程式内。此外，我们并不是在真空状态下与人来往。你与我会面并不单单是"你与我"的事而已，常常还会有其他人和其他因素影响整个局面。

> 在家中发生的每一件事，不论隐瞒得多么天衣无缝，都会对孩子造成影响。
>
> ——《承受我们痛苦的孩子》[1]

有一位作家[2]曾说过，直线思考法和交互思考法的不同，就好比踢一个铁罐与踢一只狗的不同。当你踢一个铁罐时，你可以准确地预测出结果。首先，你可以衡量有多少力度由你的脚转移到铁罐上，接着测量铁罐的重量和风速，如此你就可以精确地算出铁罐最后的落点。

但是，踢一只狗完全是另一回事，因为狗会因为不同的脾气

---

1. Robert Hemfelt and Paul Warren, *Kids Who Carry Our Pain*, Nashville, TN: Thomas Nelson Publishers, 1990, 70.
2. Lynn Hoffman, *Foundations of Family Therapy*, New York, NY: Basic Books, 1981, 31.

而产生不同的反应。当你踢一只狗时，它可能立刻跳开，可能懒洋洋地起身离开，也可能生气地向你狂吠。或者，就像我家的狗一样，睁开一只眼睛看看你，好像在说："你欺负我这个小可怜干什么？"

现在假设有两只猫在这只狗旁边打盹，隔壁房间有一只鹦鹉在鸟笼里，另外有一群小朋友在房里玩耍。当你踢这只狗时，周遭的人或物会有各种意想不到的反应。除非你对身处的"体系"了如指掌，否则你很难掌握事情的结果。你越了解整个体系的运作，就越能调整你的行动，以产生你期望的结果。

当我们视家庭为一个体系时，就是这样的状况。直线思考法绝对无法套用在家庭成员的关系上。家庭成员总会互相影响，而且是在一个体系的脉络下发生的。套用一句俗语："整体大于部分之和。"一个家庭如何运作，远比个别成员的性格与行为更重要。家庭成员交互的关系会产生出一种特别的氛围，影响到家庭生活的每一个层面。

退缩不前的丈夫

我们举一个简单的例子。长久以来，唐娜对丈夫佛瑞德一直感到很失望。唐娜的个性外向，喜欢社交；佛瑞德却是一个安静、内向的人，他不善与人交往，也没兴趣交朋友。他们结婚的十五年间，唐娜费尽工夫想让佛瑞德变得更善于交际。

她拖他去参加教会主日学，因主日学课程会安排许多社交活动。她经年累月地催促他，直到她感到厌倦，最后连她自己也不再参加。她也安排许多家庭活动，想提起佛瑞德的兴致。总之，所有可能令他改变的做法，她无不尝试。

然而，她的努力毫无效果。相反，她越想要佛瑞德变得活跃，他就越加退回到自己的巢穴中。他不想出门，不想探望家人，也不想和其他人有什么往来。他一年只出去钓一次鱼，其余的时间安于朝九晚五、待在家中的规律生活。

唐娜受到直线思考法的限制，她以为必须大力催促才能使佛瑞德向前推进；若是他没有动静，就要更加催促。没想到这个做法不但使佛瑞德裹足不前，甚至更加退缩。每当她催促时，他就停滞不前；她催得越急，他就越加顽抗。

我们向唐娜指出，她会有这些经历，是因为她采用直线思考法的原因，再怎么努力，也只会得到相同的结果。我们不再把她和佛瑞德的关系看作是一个孤立的事件，而是整个家族体系的一部分。逐渐地，她开始领悟到，A 行动不一定会产生 B 结果，还有许多其他的因素必须考虑在内。

她渐渐明白，佛瑞德早在认识她之前就有这种自我封闭的行为模式。他生长在一个天主教的家庭，父亲酗酒，母亲则唠叨个不停。他学习到的处理危机的方式是退回到自己的内心世界，尽量不要惹事上身。甚至到现在，他面对工作也是"采取低姿态"，尽量不要引起老板的注意。总而言之，佛瑞德学到的处理人际关系的方式就是假装自己不在场——对于向他有所要求的人尤其如此。

这时，唐娜才明白，她想要"帮助"佛瑞德变得活跃的努力，只会适得其反；而她的"更加努力"，也只会让他更加退缩。了解这点后，唐娜大大松了一口气。既然她不是佛瑞德问题的根源，既然她无法"矫正"佛瑞德的行为，那么她大可转而发展自己的兴趣。

有趣的是，当唐娜不再"要求"佛瑞德，而专注于自己的兴趣时，佛瑞德反而开始有了反应。她的唠叨换来他的自我封闭；而今，她放弃絮聒不休的多嘴角色，他也自然放弃了家居隐士的角色。当他看到她从事自己想做的事，而并不勉强他时，他反而开始尝试从隐居的巢穴中走出来了。

断句的重要性

上过语法课的人都知道，断句是相当重要的。同样一组字可以因着断句的不同而使意思截然不同。举例来说，"下雨天，留客天，留我不留？"若稍改一下标点符号的位置，则变为"下雨天，留客。天留，我不留。"显然意思大不相同，不是吗？

同样的道理，我们对于一个（或一连串）事件的了解，也在于我们"断句"的方式。以唐娜和佛瑞德为例，唐娜抱怨说，佛瑞德的行为太过消极，以至于她不能做她想做的事。佛瑞德的"断句"方式是，假若唐娜肯让他随意而为，他便乐意与唐娜一起参与活动。就唐娜的理解，事情的发展是："他退缩，我唠叨；他退缩，我唠叨。"佛瑞德的理解却是："她唠叨，我退缩；她唠叨，我退缩。"

佛瑞德和唐娜两人都是用直线思考法来"断句"，在他们的想法里，只会有一个原因和一个结果。我们可以绘成下图：

唐娜唠叨 ⟶ 佛瑞德退缩

（原因）　　（结果）

或由另一个角度来看：

佛瑞德退缩 ⟶ 唐娜唠叨

（原因）　　（结果）

你可否看出这种思考方式无法得到期待的结果？长久下去，佛瑞德和唐娜的一生就会像唱片跳针一样，不断重复播放着："是他先退缩的！""不，是她先唠叨的！"

如我们所知，人际关系本来就是互相影响的，需要从所谓"反馈圈"的角度来思考。因此，我们得出的图表应改正如下：

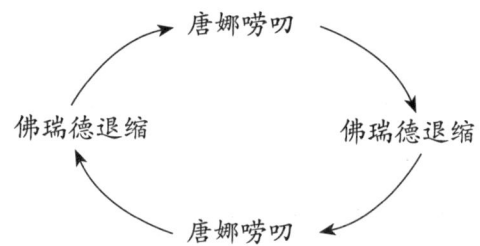

用反馈圈来看事情的好处是，它很清楚地显示，任何一方都可以借着改变自己的行为来扭转局势。在这之前，唐娜以为，除非佛瑞德改变，否则他们的婚姻不会有任何进展。但最后她却发现，她可以采取一些行动来改善他们的关系，而无须"坐待"佛瑞德改变（同样的原则也可以应用在佛瑞德身上）。

唐娜和佛瑞德的案例十分单纯，因为只涉及两个人，而结局也相当圆满。然而，大多数的家庭体系却复杂得多，结果也难以把控。不过，唐娜和佛瑞德的例子毕竟成功了，成功的主要原因是，唐娜学习将她的处境视为整个体系的一小部分。此外，她也学习以交互思考法来取代直线思考法。

不肯上床的小男孩

我们来看一个较为复杂的例子。5岁大的乔依每到该睡觉的时间就吵着不肯上床。他的父母代表了相当典型的夫妻关系模式。他的父亲大多时候不在家，但只要他在家，就被赋予"管理"的责任，而他的母亲则扮演收拾残局的角色。她大多数时候都"在场"，但却缺乏管理的权柄。

一天晚上，爸爸沉迷在电视节目中，妈妈则在清理完碗碟后开始招呼乔依上床睡觉。就像所有5岁的小男生一样，调皮的乔依有数不清的花样，弄得妈妈筋疲力尽，还不肯上床。爸爸见状，不禁勃然大怒，从椅子上跳起来，一手拎起乔依，把他拖进房间，将睡衣丢给他，命令他立刻上床睡觉。接着，把门重重地一关，迈步走开。

当他回到客厅时，他的妻子生气地瞪着他。"什么事？"他问道。"为什么对他这么凶？"他妻子回答。依过去的经验，这样争吵下去不会有结果，因此他沉默不语，回到沙发上坐着，看他的电视。

接下来，妈妈预备了一些小点心，拿进乔依的房间。乔依一边啜泣，一边享受着甜点。妈妈帮他穿上睡衣，盖上棉被，之后睡在他身旁。不消几分钟，两个人都睡着了。

爸爸不想吵醒妈妈，免得重启争端。因此，爸爸独自回房睡觉了。接连几天，妈妈对爸爸都非常冷淡。但爸爸丝毫不以为意，就当事情没发生一样。不久之后，一切又恢复平静，一直等到下回同样的情节再度上演。

仔细想想，这其中究竟发生了什么事呢？很可能妈妈其实是生爸爸的气，因为他让她自己洗碗和照顾乔依。但是，她没有正面处理这个情绪，反而压抑心中的恼恨，转而发泄在顽皮的乔依身上。也可能爸爸经过了"办公室烦人的一天"，他认为回到家中，躺在沙发上休息一会儿，是天经地义的事。而且，他想，他在办公室忙了一天，现在让妻子管理好家里，让他喘口气，难道很过分吗？

至于乔依，他的目的十分单纯：他想晚一点上床，也想吃床边甜点。如今他已经很熟悉家庭运作的方式，也晓得怎样去得到自己想要的。你只要把妈妈弄生气，等爸爸插手介入，不久之后，妈妈就会拿着安抚的礼物，帮助你度过爸爸带来的不愉快。没有一个人意识到自己的策略，但却一再重复地实施。

究竟谁是问题的所在呢？是乔依这个调皮的孩子吗？是不善管理又不一致的妈妈，还是脾气暴躁、没有耐性的爸爸？从一个角度看来，答案是"以上皆是"。但从一个更重要的角度来看，问题远超过他们三人个别的行为。这里存在着一个完整的体系，就像一出舞台剧，有设定好的各种角色和对每个角色的期待。除非了解整个体系，否则极难改变现状。

改变的阻力

是什么促使家庭改变呢？显然，有许多因素使得家庭生活不得不改变，有些因素是与家庭生活自然演变的历程息息相关的。任何一个家庭的历史都有一些自然发生的"转折点"：第一个孩子的诞生和每一个孩子陆续出生；老大开始上学和老幺从学校毕业；孩子离家；父母年届退休；父亲或母亲离世。以上每一个历程（和许多其他的事件）都会影响整个家庭环境，促使家庭因为要应对新的情况而作出改变。

注意以上有多少转折点是与家庭成员的增减有关的。家庭成员也可以以其他方式加入——例如，祖父母搬来与儿孙同住。同样，家庭成员也可能因其他因素减少，如离婚。一项改变究竟被视为正面还是负面，并非关键所在。因为不论正面或负面，都不可避免地会带来压力，需要家庭作出回应。在第三章我们将会看到，一个家庭适应环境变化的从容程度是断定这个家庭健康与否的重要指标。

仅仅是生老病死的循环，就带给家庭许多改变的机会。但就像大多数的体系一样，家庭体系也倾向于抗拒改变，这种惯性使他们继续维持原来的模式。家庭体系具有一种显著的抗衡力，来应付外在的压力。

这种倾向就叫作"恒定"(homeostasis),意思是"保持现状"。我们的身体就是一个很好的例子。人类正常的体温是摄氏36.5℃,假使我们突然走进一间室温很高的房间,我们的身体会立即发动"冷却系统",使体温维持正常。同样,若是我们走进一间室温很低的房间,我们的身体就会逆向进行调适。

家庭体系的运作亦然。在其中,关系的模式一旦确立,每个成员就都被赋予固定的角色。即使环境改变,系统中仍有一股强大的力量来维持现状。

> 爱面子的家庭体系既故步自封又拒不改变,即使改变已是不可避免的事实。这个体系就像是黏在一起的花生糖,每一个成员的角色和彼此间的关系都固定不变……一旦强大的改变力量在一瞬间冲击这个体系,它就会断裂粉碎。过于爱面子的家庭体系,无法在压力下维持它的完整。
>
> ——《面对家丑:迈向复原的家庭》[1]

无法离家的女儿

最令我惊讶的例子莫过于克拉拉的家庭。当克拉拉到了上大学的年龄时,她家的经济已经十分拮据。基于种种理由,

---

1. Merle A. Fossum and Marilyn J. Mason, *Facing Shame: Families in Recovery*, New York, NY: W. W. Norton, 1986, 19.

克拉拉一直是家中的"黏合剂",将整个家联结在一起。因此,她离家求学的打算对家庭构成极大的威胁。虽然出外读大学一直是她心中的渴望,但她却说服自己,在当地的社区学院读书就够了。于是,她留在家中,找一份兼职,以减轻家里的经济负担。

没有人向克拉拉明说:"你不能离开,我们需要你。你必须取消你的计划,留在家中。"事实上,根本不需要有人出面说明,因为借着各种微妙却有力的方式,已在家中形成一种共识。举例来说,克拉拉22岁时,一所离家几百英里的大学接受了她的入学申请,她甚至申请到一笔奖学金,足以解决经济上的困难。然而,在同一年间,她的弟弟从高中毕业。虽然克拉拉有奖学金,但是家里的经济状况还是不容许两个孩子同时上大学。就这样,克拉拉继续留在家中。没有经过任何讨论,每个人都认为就该如此。

如今,克拉拉已经36岁了。她帮忙支付弟弟妹妹的教育费用,而自己却始终没有上大学。她仍然与父母同住,继续扮演缓冲的角色。克拉拉晓得自己错过了许多机会,她也承认有时会感到恼恨与愤怒。尽管如此,她仍坚持她就是无法离开,这个家太需要她了。这是个再明显不过的例子,说明一个家庭在面对强大的外在压力下,宁可维持现状,也拒绝改变。就此例而言,当大女儿到了该离家的阶段,家人却不容许她离开。

如何才能使克拉拉的故事产生不同的结局呢?难道克拉拉不

能认清自己的处境而采取不同的行动吗？事实上，许多朋友费尽心力想要克拉拉活出自己的理想。他们不断地告诉她，她在虚度青春，浪费生命；也提醒她，父母过世后，她会后悔不已。但这些劝告一点效果都没有。其实，克拉拉并非不明白朋友们所指出的事实，她会点点头，一再重复地说："没错，没错，但是……"然后不了了之。克拉拉的朋友用直线思考法来考虑她的处境，然而他们需要的却是交互思考法——认清他们劝说的对象其实是整个体系，而不只是克拉拉一个人而已。

我们以家中的自动调温器为例。假设温度设定在21℃，一旦气温降低，室温也随之降低，自动调温器就会传递一个讯号给暖炉，送出暖气；若是气温升高，室温也跟着升高，自动调温器就会通知冷气机，吹送冷风。不论如何，室温都会保持在21℃。

假设调温器设定在30℃，并且不能随意调整，当我们觉得30℃太热而无法调整调温器时，就只好打开窗户让冷空气进来。这样会发生什么事呢？我们让冷空气进来越多，暖炉就会送出越多的热气，以使温度维持在30℃。

克拉拉的家就好比将调温器设定在30℃，当她的朋友想说服她改变时，就像是试着要打开窗来降低室温。此时，整个体系的其余部分只会加倍运行，以维持现状。扭转局势的唯一方法就是调整调温器。这意味着彻底了解克拉拉的家庭体系，认清问题的根源。唯有如此，我们才能"重新设定整个体系"。

家庭秘密

是什么力量使家庭深陷在功能失调的模式里无法脱身呢?

主要因素之一是惯性——一种维持现状、停滞不前的倾向。即使成员都有改变的需要,但是既有的角色与模式却像是根深蒂固的旧习,难以打破。不仅是家中个别的成员习惯于保持现状,不同的成员彼此在旧有的角色、态度和行为上,更是互相牵制、强化。若是周遭环境不断想要使你维持原状,你便很难有所突破、变更。

当然,有时我们根本没有意识到需要改变。由于没有能力(或者有些个案则是拒绝)承认问题的所在,因而使我们没有了改变的可能性。有两个主要原因使我们无视问题的存在和需要做出的改变。

其一是家庭秘密。家庭秘密是一些已经发生或仍在进行中的事情,这些事情在家中人尽皆知,却从不公开讨论。

回顾前面我们所提及的大多数案例,都很容易看出家庭秘密是什么。也许当你回想一生,你会注意到有些事件、人物或问题无人不晓,却从不曾被提出来讨论过。或许,你也会认清自己在保持缄默的密谋中所扮演的角色。

家庭秘密在理查德的家中就是一个重要的因素。理查德相当不情愿接受心理辅导,因为他认为把家中的问题讲给外人听就等于出卖家庭。"从小我们就被教导,家丑不可外扬。"他解释道。

> 事关重大的是，孩子们被教导去否认眼睛所见、耳朵所听的事实。由于家中隐瞒真相的习惯，孩子们对周遭事情的感知能力日益削减。不论公开或私下，明示或暗示，他们都被吩咐不要相信自己的感官。结果，孩子们学到不再信任本身的经验。同时，也学会不信任其他人。
>
> ——《酗酒成人小孩的复原之道》[1]

"家丑"包含的主要项目其实就是理查德的父亲。他父亲患了间歇性的精神分裂症，不时会"爆发"出来。在理查德的记忆中，最恐怖的就是他父亲把孩子全部关在车厢内，然后疯狂地开着车满城乱窜。

每当事情发生后，理查德的母亲就会安排他父亲进医院接受治疗。接着，他们全家便整理行装，搬到陌生的城镇。等理查德的父亲出院后，他们再搬回原址，绝口不提父亲病发的事情。理查德说，在他16岁之前，同样的情形发生过10次。

最后，他父亲住进了州立医院，直到今日。理查德和他的兄弟们每个礼拜轮流探病，他们甚至未经讨论，就有如此的安排。理查德每六个礼拜探望一次，二十年如一日。

在过去的日子里，理查德一家人即使聚在一起，也绝不会谈到父亲。从来没有人提起父亲的近况，没人谈论有一位患精神病

---

[1]. Herbert L. Gravitz and Julie D. Bowden, *Recovery: A Guide for Adult Children of Alcoholics*, New York, NY: Simon & Schuster, 1985, 19.

的父亲是什么感觉，也从来没人说出当父亲发病时，举家迁移是什么滋味。

有时，家庭秘密甚至隐瞒得比理查德的案例还要彻底。有一次，在诊疗小组当中，玛琪说自己直到两年前才知道她父亲酗酒。有人问她父亲酗酒多久了。"从我出生到现在。"玛琪说："事实上，在我出生前，他酗酒的情形就很严重了。"玛琪当众提起这件事的时候已经41岁，这意味着她有三十九年的时间都与酗酒的父亲住在一起，然而却一直被蒙在鼓里。

其余的小组成员以怀疑的眼光看着她。她怎么可能不知道自己的父亲是个酒鬼？"这是个秘密，"玛琪耸耸肩说，"我母亲极力隐瞒这件事。不仅孩子们不知道，整个家族甚至整个小镇的人都不知道。他们一直以为他经常生病。"过去父亲的"病"带给玛琪不少困惑，直到最近她了解父亲真正的问题后才恍然大悟。在成长期间，她一直很想明白父亲患的是什么病，但却晓得这是一个禁忌的问题，最好避而不谈。

家庭秘密就像在客厅里养了一只大象。从很小的时候，你就知道有一个问题绝对不能问，那就是："为什么我们家客厅有一只大象？"若是朋友或外人问起这件事，最正确的答案就是："哪有大象？"当大象日渐长大，你就摆一个台灯或桌垫在上面，把它当作家具。你迟早会完全避开客厅，不过，你绝不能过问这件事或做出任何评论。

> 这类家庭的共通之处是，所有家庭成员都要忠心持守秘密，恪守什么可谈、什么不可谈的严格规定。这些规定限制了家人关系的自然成长，使得真实的情感和事实的真相无法显露。
>
> 家庭成员编造辉煌的家族神话，刻意遗漏带给家人羞辱的主角。这些家庭的孩子们不追究过去的真相，以示对家的忠诚，并共同谨守家庭的规定。
>
> ——《面对家丑：迈向复原的家庭》[1]

家庭秘密是家庭体系抗拒改变的主要方式之一，人人照惯例而行，好像没有任何更正的必要。理查德发现，为了打破他那功能失调的家庭体系，他必须开始谈论他的父亲。同样，玛琪也知道她必须更加了解何谓酗酒，以及父亲的酗酒如何使她成为今日的她。

家庭神话

与"家庭秘密"相对的则是"家庭神话"。神话是我们说得到却做不到的事。萧伯纳曾经说过："大多数历史不过是'协议下的谎言'罢了。"家庭神话正是如此。它代表一种默许的密谋，假装事情远比真相来得好。

当我们问起他人的家庭状况时，一开始听到的几乎都是家庭

---

1. Merle A. Fossum and Marilyn J. Mason, *Facing Shame: Families in Recovery*, New York, NY: W. W. Norton, 1986, 45–46.

神话，最普遍的莫过于："噢，我们家关系非常亲密。"在诊所中也不例外，但他们接下来会告诉我家庭带给他们的种种问题、伤害和失望，唯独没有提到亲密和温暖。然而当他们吐完苦水后，又会下一个结论："但是，我的家庭真的很亲密。"

另外，还有一些十分普遍的神话：有些人会说，他们的家庭充满爱与关怀，即使事实并非如此。

> 我们的症状来自情感上的否认，而那些症状又加强了我们的否认。其中一种情况是，我们容许自己明明活在某种生活中，却欺哄自己所拥有的是另一种完全不同的生活。这种自欺带给我们一种错觉，以为生活在我们的掌控中。事实上，这正足以显示我们无法健全地管理自己的生活，反而将控制权移交给外在的环境。
>
> ——《成人小孩：功能失调家庭的秘密》[1]

家庭神话与家庭秘密往往是一体的两面，这倒不令人意外，因为家庭中最难以启齿的事往往要用神话来遮盖。还记得安娜所做的家庭描述吗？在她陈述许多问题时，不断提到她的家"带给她许多支持""我们一直都互相鼓励"。但是，两个礼拜后，她再也忍不住了："我一直以为我的家充满关怀，可是，我住院两个礼拜了，却没有一个人来看我，甚至连一通电话都没有，好像他

---

[1]. John and Linda Friel, *Adult Children: The Secrets of Dysfunctional Families*, Deerfield Beach, FL: Health Communications, Inc., 1988, 23.

们根本不想接受我在医院的事实。"

当安娜发觉她活在一个神话中后,她感到非常痛苦,但这也成为安娜复原的关键。神话是一种强大的势力,迫使功能失调的家庭继续受困于不健康的生活模式。除非我们能认清真相,否则一切将如常进行,牢不可破。

家庭神话从何而来?就某种意义而言,它不过是一种社会习俗,就像有人问"你好吗"而你回答"我很好"一样,但其实可能并不好。对于什么是"正常""幸福"的家庭,我们已经被灌输了刻板印象,就像在电视节目里看到的,或在学校课本里读到的。我们知道一个家庭应该具备某些条件,自然就不愿承认自己的家不够完美,而宁可以为自己的家庭与梦幻中的理想家庭相去不远。接受真相——对他人或者对我们自己来说,都是太痛苦的事。

当然,这里再次提到一个问题:究竟何谓"正常"家庭?我们该如何衡量正常或不正常?

下一章,我们将看到汤姆和他妻子玛格丽特的故事。汤姆是家中的领导权威,事事都有他自己的原则——包括妻子该不该外出工作等等。到底汤姆和玛格丽特的家庭算是正常、幸福的家庭,还是过度严苛的家庭呢?

章后实践指导

如果没有待解决的家庭问题,你可能不会花时间阅读本书。也许你努力过,而且试了又试,想解决这些家庭问题,却进展有限。成效不彰的原因可能是,对于需要采用交互思考法处理的家庭问题,你却采用直线思考法来处理。若是如此,你所需要的,只是用新的眼光看待你的家庭问题。一旦你用交互思考法厘清问题,解决之道就会随之而来。

你可以试着用交互思考法分析某个你家中难解的问题。你一旦学会用交互思考法来看待这个问题,并试着应用这套理论来解决问题,就可以依循相同方法,处理其他问题。

在练习的过程中,要把你的感觉记录下来。在你快要揭露家庭秘密(即使只是了然于你心)或家庭神话时,你会感到浑身不自在。当下,请把这些感觉记录在日记或笔记本中。这些感觉只是你探索的一部分,不表示你应该停止探索;相反,这些感觉标志着你更加接近真相了。

一、直线思考法和交互思考法

1. 找一个你最想了解和解决的家庭问题。简要说明这个问题,以及你希望如何解决(本章的例子是:翠西一直离家出走。我想知道她为什么要离家出走,以及如何让她不再离家出走）。

2. 采用直线思考法，描述你认为这个问题发生的原因（例如：谁做了什么，他的问题出在哪里）。以翠西的例子为例，你的看法可能是："翠西一直离家出走，是由她个性叛逆，也可能是吸毒或结交不良朋友造成的。"现在，请写下你对问题的看法。

3. 你或家人对此问题的反应是什么？

4. 你用直线思考法所做出的反应，有什么正面效果吗？

5. 有什么方法是你试了又试，却徒劳无功的？

6. 仔细思考本章唐娜、佛瑞德或乔依和他父母的情况。在你家中也有反复困扰你的模式吗？如果有，请描述这个互动模式，是谁反复在做相同的动作？

7. 你愿意抛弃你先前对此问题的观点，改从整个家庭体系的角度，来破解反应模式吗？你愿意尝试采用交互思考法吗？如果答案是肯定的，试着把你刚才提到的问题，依据该成员与其他人彼此关联的情况，再描述一遍。可用下列问题帮助你描述。

- 在此问题发生前,家人的关系如何?
- 有任何终身应对模式(像佛瑞德遇压力即退缩的模式)反复发生吗?
- 这个"问题成员"有所动作后,出现的典型后果是什么?他得到更多的注意、关爱或同情了吗?这个行为打断了某些原本正在进行中的事情吗?
- 对这个"问题"行为,各个家庭成员的反应是什么?
- 这个"问题成员"得到了任何预期中的好处吗?例如压力解除、避免痛苦,或转移某些家庭问题的注意力?
- 在思考以上各个角度后,用家族史和家庭体系的观点来描述这个问题。

8. 本章里有一个例子提到,乔依的妈妈在厨房忙得团团转,而爸爸则自顾自地看电视而忽略乔依。想想看,在这个例子里,如何用健康的方式来满足乔依的需求?

9. 想想看,有什么方法能直接表达你的需求未得到满足,或者有什么方法能改善家人之间的互动?哪些合理的需求若没有得到充分的满足,会导致问题行为产生?

10. 有时候,其他家庭成员会调整自己,用合理的方式去满足这些需求。这不是姑息那位成员的问题行为,而是将这个问题视为整个家庭体系的问题,大家一起努力,避免这个问题行为再度出现。在你的家庭问题上，你认为家人可以怎么调整自己呢？

11. 直线思考法把你对问题的反应局限在少数选项中；而交互思考法则在你的家庭体系里，开启无限可能的积极改变。你主要是用哪一种方式看待问题的？你愿意练习用交互思考法来重新思考家中的每一个问题吗？这样做，如何帮助你找到解决问题的新契机？

二、家庭秘密

1. 把你整个家族围绕着大餐桌而坐的图像画出来。什么是几乎每个人都知道或猜想得到，却没人敢大声说出来的事？

2. 在"缄默的密谋"中，你扮演什么角色？为什么？

3. 如果你胆敢公开说出家庭秘密，会发生什么事（谁会昏倒、心脏病发、崩溃、"几乎要死"、无法忍受）？

4. 保守家庭秘密如何影响你的生活？这些恐惧和羞辱如何使你的生活被束缚？

5. 为掩饰家庭秘密，你们编造出什么家庭神话？

6. 这些神话如何帮助或伤害你的家庭？

7. 什么是你至今仍然维护的"家庭神话"？

8. 你会采取什么步骤，用健康的心态接受家庭的真相，以取代这些神话？
   a. 你会如何接受这真相？
   b. 你会如何承认这真相？
   c. 你会如何表达这真相？

第三章 我的家庭正常吗

调适得当的家庭的一个根本指标是：一有问题出现，便视之为家庭整体的问题，而非单个人的问题。

究竟何谓正常家庭呢?

在第一章,我们尝试了解家庭最基本的构成,特别看重抚养方面。我们认为,一个家庭在抚养的责任上应提供无条件的爱,让孩子发展成为独立自主的成人。在本章中,我们要更详细地说明,对一个家庭诊疗师来说,何谓正常的家庭。我们将审视一些十分普遍的偏差情况,以辨认出功能失调家庭的特征。接着,在下一章,我们会学习一些技巧和方法,将以上的分析应用到自己的处境里。

调适得当的家庭

许多心理学家和辅导员试图描绘健康家庭的特征,其中一位提出所谓"调适得当的家庭"的理论[1]。他认为在这样的家庭里,"自主性"和"依附性"可取得平衡,也就是家人之间有一定程度的交流,也保持一定程度的距离。不仅如此,这样的家庭在个人需要和家庭需要之间,也有一个平衡的关系,并且具有一种调适的能力,得以应付变迁的环境。

---

1. T.F.Fogerty, "Systems Concepts and the Dimensions of Self," 取自 P.J.Guerin, ed., *Family Therapy: Theory and Practice*, New York, NY: Gardner Press, 1976.

调适得当的家庭的一个根本指标是：一有问题出现，便视之为家庭整体的问题，而非单个人的问题。换句话说，整个家庭有一个共识："若有问题产生，我们一同承担，彼此协助。你的问题就是我们的问题！"但同时也有一个健康的坚持：每个人要为自己的生命负责。家人彼此间坦诚相见，有话直说，而不经由第三者转达。

在调适得当的家庭里，彼此的差异性也会受到尊重。既然对基本的价值观有一定的共识，个人的差异性就不仅能被容忍，甚至会受到鼓励，获得赞赏。在这样家庭长大的孩子很容易与他人相处，也能够接纳不同的意见、态度和情感表达。

调适得当的家庭也显示出对隔代亲人的尊重。年轻一辈不会孤立老年人，老一辈也不会自绝于儿孙辈。孩子一直和父母保持联系；他们珍惜从对方得到的益处，也乐于贡献给他人。没有人会被视为依赖或利用的对象，彼此都是成长、学习、反馈和快乐的来源。

在调适得当的家庭里，人人都有"经历低潮"的自由[1]。我们的情绪难免起伏不定，时而"振奋"，时而"沮丧"。而在沮丧的时候，常常是最感到不被接纳的时刻。调适得当的家庭会给予空间，容许成员表达负面的情绪，不必担心会被批评、"矫正"，或被要求压抑自己的情绪。

---

1. T.F.Fogerty, "Systems Concepts and the Dimensions of Self," 取自 P.J.Guerin, ed., *Family Therapy: Theory and Practice*, New York, NY: Gardner Press, 1976.

总之，调适得当的家庭在看似矛盾的两股张力——亲密与分离——之间取得平衡。若是我们想要成为一个健康的人，就必须让这两股张力在我们内心以及我们的家庭里取得平衡。假使任何一端失去平衡，都可能会导致家庭功能失调。稍后我们将详细探讨发生的原因。

健康家庭的特征

1. 平衡的，能适应改变。
2. 全家人共同面对问题，而非个人单独面对。
3. 有深厚的隔代联系关系。
4. 个人有独立自主的空间。
5. 彼此之间坦诚相见。
6. 互相接纳并欣赏对方的差异性。
7. 尊重异己的想法与感受。
8. 个人深知自己施与受的限度。
9. 尽力维持家中积极正面的氛围。
10. 每个成员都视家为"一个美好的居所"。
11. 彼此学习、互相反馈。
12. 人人都有经历低潮的自由。

我的家庭如何呢？

现在你一定开始衡量自己的家庭，想与前面所提的内容"做个比较"。接下去，我们会提供一些方法，帮助你评估和诊断家庭经验的各种层面。而现在,有一份简单的问卷,可以帮助你先大致了解一下你生长在什么样的家庭里。

请凭着你对家庭经验的记忆与认识来作答。你的家人可能有一套完全不同的答案,但这无关紧要,重要的是你本身对家庭的感受。

家庭问卷调查表[1]

请依照你的家庭经验,回答以下问题:"绝非如此"请填"1","有时如此"请填"2","总是如此"请填"3"。

( ) 1. 遭遇问题时,家人彼此协助。
( ) 2. 家人彼此敞开心扉谈论心事。
( ) 3. 在我家中,几乎任何话题都可以谈论。
( ) 4. 全家人共同参与家庭决策。
( ) 5. 我的家人常常一起行动。
( ) 6. 在我家,孩子们对自己如何被管教有发言权。
( ) 7. 我们全家人很喜欢共聚一堂。
( ) 8. 我们全家人很享受一起讨论问题、寻求解决方法的时光。
( ) 9. 每个家人都知道:我的朋友就是家人的朋友。
( ) 10. 在我们家中,每个人都要分担责任。

---

1. 表格来源:David H.Olsen,取自 David H.Olsen, Hamilton I. McCubbin and Associates, *Families: What Makes Them Work*, Newbury Park, CA: Sage Publishing, 1989.

（　）11. 家人彼此分享好处。

（　）12. 在我家，规则经常更改。

填完问卷后，先将单数问题的总数相加，再把双数问题的总数相加。之后填入以下空格。

单数问题总和：（　　）

双数问题总和：（　　）

评估家庭的尺度之一：适应尺度

我们用来评估家庭生活的尺度有两种，一种是适应力，另一种则是依附性。我们仔细来看一下。

首先是适应尺度，它主要测量家庭对于改变的适应程度。适应尺度如下图，在尺度右端的家庭可能太过僵化严厉；而在尺度左端的家庭则过于松散混乱。

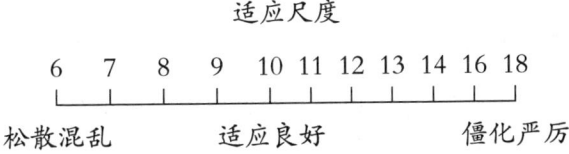

在家庭问卷调查表中，单数问题的总和就显示你的家庭在适应尺度上的位置。请在尺度上做一个标示。当你读到本节中有关僵化严厉和松散混乱的家庭时，请将你的家庭所在的位置牢记心中。

尺度表上的两个极端——僵化严厉和松散混乱的家庭，在很多方面其实是十分相像的。首先，这两种家庭解决问题的能力都很薄弱。僵化严厉的家庭虽然会致力讨论出解决的方法，但常常仓促又武断地做出决定，并强加在家人身上，缺乏远见和计划。相反，松散混乱的家庭则花很长的时间谈论问题，但讨论的方式凌乱无序，以致很难获得一个清楚的结论。就算最后得出一个结论，也无法贯彻实施。

此外，这两种家庭在处理情绪上都会出现问题。僵化严厉的家庭常压抑情感的流露，即使家人表达出了不满的情绪，也会被忽略，结果累积了许多愤怒，而这些愤怒常是以间接、操纵的方式表达出来；松散混乱的家庭常有许多情绪性的表现，但因家庭结构凌乱，使得情绪显示出的意义与重要性完全失去作用。冲动的情绪表达和反复不定的决策也会触动怒气。

现在，我们已观察到两种家庭的相同之处，接下来，我们分别研讨一下这两种家庭的特性以及第三种适应良好的家庭。

一、僵化严厉的家庭

僵化严厉的家庭相当独裁，领导权界定得十分清楚：人人知道谁才是家里的老板，也知道家规的内容。这些家规异常琐碎，范围广泛，大部分没有讨价还价的余地。若是触犯家规，就会立刻遭受严厉的惩罚。

莉蒂（第一章里遭受继父性骚扰的年轻女孩）就来自这种类型的家庭。她继父是家中的唯一权威，他决定的事情没有讨价还价的余地——即使有些是违反道德或极具伤害性的。在家中，他的地位无可动摇。莉蒂的母亲百依百顺，毫无插手之力。

汤姆也来自一个严厉的家庭，但他家功能失调的情况不像莉蒂家那么严重。在他自己的家里，他扮演一个仁慈独裁者的角色。在管理家庭上，他全然依理行事，任何情况都有一套规则可寻。若是孩子想要一些东西，他们必须提出汤姆觉得合理的理由，单单"想要"这个理由不够充分。孩子们为此感到十分受挫，但对于这样的家庭体系却无力反驳。

汤姆的妻子顺从他对贤妻良母的看法。她很想外出工作，但这不合汤姆的理想。他觉得一旦她开始工作，就会变得过于独立。对汤姆而言，掌握住整个家庭状况是他的要务。

逐渐地，我们发觉，汤姆的父亲也曾以同样的方式管理家庭。在汤姆的记忆中，父亲的决定就是最后的决定。汤姆的妻子玛格丽特的生长背景与他很相似，父亲是唯一权威，母亲则百依百顺。玛格丽特在结婚时就晓得自己正步上母亲的后尘；她犹记得当她寻见一个类似父亲的对象时，心中有多高兴。

二、松散混乱的家庭

松散混乱的家庭可说根本没有领导，家中每个人都我行我素，没有一个人前后一贯地发号施令。就算有领导，也是零零星星，一下由这人做主，一下由那人做主。而家中的规矩大多数是私下被默许的，谁主其事，谁就有权随意更改。外来的访客无从辨认关系的模式和次序；与松散混乱家庭结亲的人，几乎无法预测下一刻会发生什么变化。

在第一章中提到的玛丽便生长在这样的家庭里。父亲酗酒，母亲反复无常，他们两人还经常不在家，这样玛丽的哥哥便趁隙做主。他随自己的喜好任意而行，玛丽和其他弟妹无人可置一词。即使他们向父母诉苦，也白费工夫，因为父母对哥哥所做的不加理会，也毫不阻止。

玛丽结婚后不久，她丈夫就对他们的夫妻关系感到十分挫败。他形容"没有一件事会令她满意"。问题是，玛丽无法告诉他什么才是"对的"。她有所期待，却无法清楚说明，甚至她自己也模糊不清。她只知道"事情不该如此"。直到玛丽开始了解她的家庭背景，她才分辨清楚有哪些不成文的规矩是她期望自己和他人去遵循的。

有些案例较为轻微。史坦形容他的家庭经常有冗长的讨论，但总是无法做出结论。每个人似乎都认为，"为什么今天就要做出决定？这件事可以延到下礼拜、明年或更久以后啊"！结果始终没有做出决定，常常是情况紧急、箭在弦上了，才不得不仓促行事。

直到一个晚上，他的女儿喊着说："我只要一个'可以'或'不可以'的答案，不要无休止的长篇大论。"史坦这才恍然大悟，原来他无意中已将过去的家庭模式移植到他自己的家中。

如史坦的女儿所体验到的，松散混乱的家庭对于孩子的教养常常无规则可循，管教的标准随时可以更改。父母常常忘记对孩子的承诺，孩子常表达出愤怒和轻蔑的态度，但毫无用处，只是徒然成为混乱的一部分而已。

三、适应良好的家庭

适应良好的家庭在松散混乱和僵化严厉之间取得平衡。它的特色是具有明确却富有弹性的领导、健全又容许调整的管教方式。家中人人知道是谁在负责管理，并明白领导者是讲理而且可以交谈的对象。他们清楚家规及破坏规则的后果，也知道这些规则是公平合理的，也理解在特殊情况下容许有例外。

问题在经过讨论之后，会得出一个反映多方意见的决定，不论大人或小孩的意见都会受到重视。角色界定清楚——父母是父母，孩子是孩子，但彼此的沟通十分频繁。人人明白自己被赋予的期望，也晓得如何按需要进行调整。

评估家庭的尺度之二：依附尺度

第二种衡量家庭是否健全的指标是依附性。依附性涉及家庭成员彼此联结的关系；通常指孩子与父母间的联系程度，尤指与母亲之间的关系。

依附尺度与适应尺度一样，也分别有两个极端：一端是关系疏离的家庭，另一端是牵绊过深的家庭。同样，依附的程度也可以用尺度来衡量：

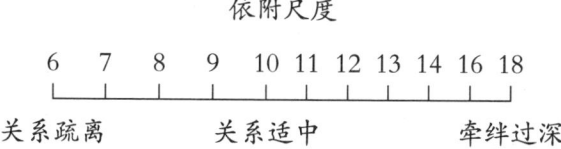

翻回你在第 62 页完成的家庭问卷调查表，将双数问题的总

和标示在这个尺度上,便是你的家庭在依附性方面的情况。

位于尺度两端的家庭——关系疏离的家庭和牵绊过深的家庭,同样有一些相似之处。两者在建立健康的婚姻关系上都遭遇困难。双方都努力想要寻求一个平衡点,然而,不是感觉"太过紧密",便是"太过疏离"。

> 我们这些生长在功能失调家庭的孩子,常走在极端之间——渴求找到平衡点、寻见中庸之道,但是却徒劳无功。我们摆荡到一个极端时,会感到寂寞、孤单和害怕;而当我们厌倦了,摆荡到另一个极端时,却又感到受束缚、无自由和愤怒。
>
> ——弗瑞尔夫妇《成人小孩:功能失调家庭的秘密》[1]

事实显示,人们结婚的对象往往是来自尺度另一端的家庭,这使得问题更加严重。牵绊过深的家庭中,家人常互相干涉,因此,这样家庭背景的人对于能给对方"空间"的伴侣格外有好感;反之,来自关系疏离家庭的人遇见能提供温暖和亲密的伴侣,便深深被吸引住。通常,两人一拍即合,很快就步入婚礼殿堂。但不久,彼此就发现对方"没有想象中那么好"。

现在,我们进一步查看依附尺度上的几种家庭形态,以便有更清晰的了解。

---

1. John and Linda Friel, *Adult Children: The Secrets of Dysfunctional Families*, Deerfield Beach, FL: Health Communications, Inc., 1988, 17-18.

一、牵绊过深的家庭

每年到了圣诞节前夕，我就会遇到同样的麻烦，不知道你是否也有一样的经验：每当我把灯串拿出来，准备装饰圣诞树时，就发现它们总是七缠八绕地混在一起，光是解开它们的工夫，就好像遥遥无期。

牵绊过深的家庭便是如此。家人关系错综复杂，剪不断、理还乱。这类家庭过于强调彼此之间的关联，到达一定程度后，任何独立或分离的想法都被视为不忠。这种不正确的忠心反而获得很高的评价。

以马媞为例，她表达出许多对母亲的不满，但随后又对自己的"不忠"充满罪恶感，觉得岂可如此批评自己的母亲呢。

在成长过程中，马媞的朋友屈指可数。她的精力和时间都在她母亲的支配之下。马媞觉得有责任凡事都向母亲报备，在进行任何计划之前，都需经过母亲的同意。甚至在她长大结婚后，在决定自己的家务事上，都必须征得母亲的同意。另一方面，马媞对这样的方式又感到无比憎厌，她知道这是母亲用来控制她的手段。然而，从母亲手中挣脱的想法又令她感到害怕。

依附尺度牵涉的问题与个人和家庭的界限极为有关。究竟一个人的分内事、角色和生活应如何与另一个人划分呢？在牵绊过深的家庭里，界限几乎不存在，每个人的生活经验都与另一个人互相"重叠"。

我们可以举皮肤为例。皮肤将我们的内在器官与外在的世界隔绝，没有皮肤为界限，我们的器官就会暴露出来，细菌或病毒就可以随意入侵。如此一来，我们就失去保护，也无法清楚地界定自我。界限是护卫我们生存范围的篱笆——让我们知晓自己的生存范围与其他人应如何划分。

有趣的是，牵绊过深的家庭常将家务事与外界划分得一清二楚。马媞说，她的母亲总是警告家人说，"自家事就是自家事"，千万别跟"外人"讨论。

何处是我的界限？

- 我是否经常向他人（尤其是家人）说"是"，但其实我想说的是"不"？
- 我是否因为他人认为我可以帮忙解决问题，就变得常常在为他们的问题烦恼？事后，我是否又常觉得讨厌扮演这样的角色？
- 在表达喜好和愿望时，通常我说出的是"我"想要什么，还是"我们"想要什么？在阐述意见时，通常我在意的是"我的意见如何"，还是"我们的意见如何"？
- 我是否有时会发现我的感受就是他人的感受？他们的感觉就像是我自己的一样，我无法保持客观。

若你的答案是"是"，就表示你在家里需要厘清个人的分界。

从一个外人的角度来看，牵绊过深的家庭似乎颇为吸引人。

以乔治的家为例。乔治在自己的家乡开了一家面包店，生意十分兴隆，他的三个儿子也纷纷加入。之后，乔治和他的三个儿子所经营的面包生意独占了当地市场，同时，他们个人的生活也变得身不由己。

比如，老大提姆已年近30岁了，他其实很想结婚，却先后三次取消了婚约，只因他的家人认为对方不能"配合"整个家族事业。最后，他遇见一位家人都赞同的女孩。她十分安静、柔顺，来自一个彼此漠不关心的家庭。"我终于找到了一个真正的家。"她说道。提姆的父母和兄弟们也都报以满意的微笑。

接着，提姆的两个弟弟也都相继结婚。就像提姆一样，他们的妻子也都来自关系高度疏离的家庭。她们两人很快就融入了新家族，当然，也投入了面包事业。这是牵绊过深的家庭典型的模式。这个例子虽不像马媞所经验的毫无自我空间的窒息感，但很明显，每个人的分界都模糊了，如同一位研究家庭的学者所形容的："把自我与他人混为一谈的大杂烩。"[1]

二、关系疏离的家庭

如名称所示，关系疏离家庭的特点是，家人彼此间极端缺乏感情上的联系。牵绊过深的家庭里所标榜的"亲密"和"忠诚"，在关系疏离的家庭中丝毫不受重视。关系疏离的家庭看重的是独立和家庭以外的关系，他们极少经历一般所谓"共聚一堂"的时刻。家人很少过问彼此的计划和活动，反而对朋友及邻居的动向

---

1. Murray Bowen, *The Family Therapy Networker,* March / April 1991, 32.

了如指掌。在关系疏离的家庭中，家人之间的界限划分得很严格，家庭以外的界限却十分有弹性，甚至不分彼此。

我们在第一章所提的赖瑞就来自这样的家庭。5岁时就被遗弃在姑妈家的门前，从此再也听不到父母的消息，可以想见疏离感是何等强烈。

在关系疏离的家庭中，成为"替罪羊"（所有家人责怪对象）的情形，比其他类型的家庭多。从很小的时候开始，赖瑞就成为家中的替罪羊。他是使"事事变得不顺利"的霉头，他是个"坏孩子"。

赖瑞的童年就是在这样的阴影下度过。被家人离弃，又成为众矢之的，使得赖瑞心中充满了憎恨与愤怒。他经常在学校和住家附近打架滋事。在长大到可以离家时，他就头也不回地走了。之后，他从军，然而又被开除。往后几年，他一直四处流浪，以打零工为生。

赖瑞是一个典型的孤独者，即使是他的妻子和小孩也不能了解他的内在世界。无怪乎在与日俱增的沮丧和孤独交袭下，他萌生了自杀的念头。就在那时，他的妻子催促他寻求帮助。在接受辅导的过程中，赖瑞发现他沮丧和孤独的感受，其实是源于他早期在家中被迫扮演的角色。

苏珊的家庭疏离情形没有那么严重。她的父母亲一向给予她极大的自由和成长的空间，她觉得很宝贵也很享受。但是，当她成为母亲后，却发觉自己很难顺着孩子的要求给予更多自由和自主权。她出于母亲的本能关心孩子的安全与幸福；她不想让孩子承受"过早独立"的坏处。出乎意料的是，正是这个经验使她回想自己成长的过程：为何她的父母会给予她那么多自由？为什么他们不多关心一点她的安全与幸福？当她认识到关系疏离的家庭模式时，才对自己的成长背景有更深的了解，也更明白她身为人母的心情。

三、关系适中的家庭

牵绊过深的家庭不容许有个人空间，而关系疏离的家庭则令人感到被孤立。唯有关系适中的家庭在两者之间取得平衡，既享有个人的意志，又保持关系上的联系。关系适中的家庭享受共聚一堂和一起行动的时刻，同时也参与家庭以外的活动。当他们离乡背井时，不会有罪恶感或不忠于家庭的感觉。他们可以和家人分享在外面获得的经验，并知道家人了解且接纳他们的决定。

在关系适中的家庭里，家人彼此尊重对方的行动自由，没有私底下的计划，以致让对方产生罪恶感。家庭支持个人的独特性，也欣赏彼此的成就。要维持这样的平衡，不是一件容易的事，但却值得尝试。

之前我们提过，每个人在早期发展的阶段都需要两件大事：一是在爱的环境中寻得安全感；二是在这样的环境里成长为有自主性的个体。这两个要素可由家庭的适应性及依附性反映出来。

依附性与培养个人自主性的能力有直接关系，在牵绊过深或关系疏离的家庭中长大的人在这方面会遭遇许多困难。自主性与分界有关，包括家庭内外的界限。牵绊过深的家庭阻碍我们发展自主性；关系疏离的家庭则使我们感到被孤立，以致难以找到自己的定位。

同样，适应性对于建立健康的人际关系极有影响，尤其影响我们对其他人的接纳度。来自僵化严厉家庭的人对于异己的容忍度很低；而来自松散混乱家庭之人自我形象很差，缺乏安全感，经常"远避"他人。

功能失调家庭的类型

最终你可能会发现，有多少家庭，就有多少种功能失调的类型。尽管如此，仍有一些共通的大分类。虽然每件个案都是独一无二的，但大多数家庭都可以纳入这些大类别中。我们简略地浏览一下。[1]

一、孤岛型

就某方面来说，这类家庭根本算不上是一个"家庭"，因其中的成员彼此几乎没有联系。他们就像是南太平洋上的群岛一般，假使你从远距离观察这些岛屿——比如从外层空间，通过卫星拍照，你会认出它们是属于"同一群"的。若是你站在其中一个岛上，你会以为这是大海中央的孤岛。其他岛屿显得极其遥远，在地平线上甚至无影无踪。

---

[1] 摘自 H. Peter Laqueur, "Multiple Family Therapy"，取自 P. J. Guerin 前面所引著作。

有些家庭正是如此。从姓氏和地址上来看，他们是一家人。但是，就家庭内在生活的互动而言，他们几乎毫无瓜葛。

这可说是功能失调家庭中最棘手的一种类型，对家庭成员有相当负面的影响。来自这类家庭的人就像孤岛一般，鲜少与人联系。就算是有关系，也只是互相利用，缺乏情感的内涵。

我们回到赖瑞的例子。他在5岁时被父母遗弃，由姑妈一家代为抚养。在这之前，他在情感上已经遭受父母的冷落与忽视。他的新家与旧家没有什么不同，虽然姑妈一家"待他很好"，让他有床可睡，三餐不虞。但是，在情感的满足上却是一片真空。

在内心深处，赖瑞渴望情感上的呵护和交流，但这个愿望只能深藏心中。别说付诸行动了，光是要让这个渴望浮出台面，就足以令人惊讶，连他的妻子、孩子都难以想象。直到他沮丧的情形日益严重，甚至威胁到他的生命时，赖瑞才战战兢兢地跨出一步，开始尝试与人交流——在他这座孤岛上搭起桥梁，通向周遭的世界。

二、代沟型

这类家庭的特点是父母与孩子之间缺乏有意义的沟通——不仅是住在同一屋檐下的两代人之间，同样情形也发生在父母和他们的父母之间。有意义的沟通只出现在同辈之间。

有趣的是，在这类家庭中，情感或关系上的联系常是隔代进行的。举例来说，孩子在家中和父母的关系十分疏离，然而却从祖父母或外祖父母身上得到许多关爱和照顾。当这些孩子长大成家后，他们自己的父母——过去大多数时候忽略他们，却对孙儿辈产生极大的兴趣。就这样，代代循环下去。

雷克和贝丝就是一例。他们很少花时间在三个女儿身上，多数时候是他们夫妻两人在一起。他们一同从事房地产生意，也结伴旅游——不带孩子同行。造成的结果是，他们的三个女儿变得非常亲密。不明就里的人用赞赏的眼光看她们，因为她们表现得十分团结，相亲相爱。岂知这是不得已的，因为她们缺乏父母的支持，才转而寻求彼此的肯定。当她们还小时，外祖父母常陪伴她们。等老人们去世后，就由雷克和贝丝的朋友们填补空缺，直到她们无需大人照顾为止。

多年后，三个女儿都结婚了。雷克和贝丝目前有四个外孙，并且还在陆续增加中。他们非常喜欢孙子，墙上贴满了照片。贝丝减少工作量以照顾孙儿。现在，当她和雷克旅行时，都会带着孙儿们同行。至于他们的三个女儿，现在则忙着丈夫与事业，根本无暇和自己的孩子们在一起。同样的模式又重复出现了。

三、性别划分型

这类型和代沟型十分近似，不同的是鸿沟出现于家庭里的两性之间。男性和女性分别形成一个小团体。整个家庭虽然生活作息都在一起，但是两性之间在情感上却极少进行有意义的交流。

这种模式经常发生于男女角色壁垒分明的家庭中。不仅有

"男性工作"和"女性工作"之别,且有"男人世界"和"女人世界"之别。女人有属于她们的"地方"(通常是厨房,女人被期望聚集的所在);而男人一起出现的场所通常有较多的选择(他们通常远庖厨,因为那是公认属于女人的地方)。

我成长的家庭就属于这一类型。即使同桌吃饭,我父亲与我总是坐一边,而我母亲和姐妹们则坐另一边。开车出游时,男的坐前头,女的则坐后头。

以自己同性别的父母作为认同的对象,有许多好处,对性别倾向上的发展尤为重要。但是,孩子也需要认识与自己不同性别的父母和手足。若缺乏这方面的接触,长大后就会对异性产生惧怕或轻视的态度。

四、小圈子型

在这类家庭中,两个家人刻意形成一个小圈子,与其他家人分隔开来。这个小圈子像是家庭的核心,其他的家人则像是周围的游离分子。

本章前面提及的马媞,就是来自这样的家庭。在马媞成长的过程中,她母亲与她连成一气。从很早开始,她母亲就否认她父亲在家中的地位,因她父亲"在道德上失职"。之后,她母亲便将全部心力都放在马媞身上,想建立他人无法取代的关系。她对马媞的父亲和两个妹妹不闻不问。与母亲紧密联系的马媞产生两种矛盾的情绪:一方面是怨恨苦恼,另一方面却又不愿意成为

"叛徒"。

在这样的体系中,其他的家人感到极端疏离,就像在"孤岛型"家庭成长的人一般;而联系在一起的两个人又像是处在牵绊过深的家庭里。这类家庭同时具备了依附尺度的两个极端。

五、山寨女王型

此类家庭完全由一人掌管。绝大多数时候,这个角色是母亲。凡事都需经过她的批准。无论需要什么或想做什么事,都要向她交代得清清楚楚。若出现问题,就带到母亲面前,没有第二个选择。

在一些大家族中,祖母是整个家族的统领者。在这种情况下,母亲就像其他人一样只是臣属。但她清楚迟早有一天会换她登上宝座,她只需耐心等待就好。

在第一章中,年幼时遭哥哥强暴的女孩玛丽就是身在这种家庭。虽然她母亲经常外出,但掌管家庭的无疑是她。玛丽的父亲就像孩子一般,毫无权柄。当玛丽说出哥哥的恶行,而她母亲拒不相信时,就没有再讨论的余地。无人质疑她母亲的决定。

六、幕后操纵型

在某些方面,这类家庭和"山寨女王型"有点类似,但这种类型在掌管的方式上更为巧妙灵活。"山寨女王型"的统领方法十分直接、专制,而此类型却是在幕后静悄悄地牵丝拉索,操纵其他人的情绪。

对于受过专业训练的人而言，要分辨出谁是幕后操纵者并非难事。通常，这个人会拒绝接受辅导；即使出席了，不是扯开话题，就是索性拒不作答。当辅导师提出一个敏感的话题时，其他成员都不自觉地将眼光转向这个人，以寻求指示。

这类家庭在适应尺度和依附尺度上的分数都很高，不但极端僵化，而且牵绊极深，家庭中有一套清晰严格的纪律，人人都需贯彻执行。

七、家庭的替罪羊

我们曾提及，替罪羊的比喻出自《圣经》。在《圣经·旧约》中，当犹太人想恢复他们与神的关系时，就会选一只羊，然后象征性地将他们的罪归在这只羊身上。接着，这只羊不是被献祭，就是被放逐到旷野，永不得归。

你可以想象，作为替罪羊是何等不愉快的经验。我还记得艾迪初次来我们诊所的情形。当我们请他邀请家人来参加"家庭日"时，他有些犹豫，问我们是不是一定要这么做。我们问他有什么顾虑，他说："他们全都跟我作对，根本把我当外人看。"

尽管如此，两个礼拜后的"家庭日"，艾迪还是把全家人都带来了。一切看起来似乎很完美——至少刚开始时是如此。之后，我们当中一位协谈人员开始引领一个讨论小组，目的是要发掘每个家庭成员真正的想法及感受。当时，艾迪的姐姐忍不住冲口而出,说艾迪"总是自绝于他人"。她还说,家里其他人"都很团结",但只要艾迪在场,气氛就很紧张"。说完,她松了一口气似的靠回座位,好像终于可以把一个见不得人的秘密公之于世。

我们的协谈人员越了解这个家庭,事情的真相就越显明,原来艾迪一直是典型的"家庭的替罪羊"。你若单独和艾迪交谈,你会觉得他是讨人喜欢、正常的人;和他的家人单独谈,他们好像也是很和气、正常的人。但是,一旦把他们找来一起谈,不用多久,你就会发现,表面上看来很好,实际上他们之间的关系非常紧张——而艾迪,在其他家人的心目中,正是罪魁祸首。不可避免地,艾迪自己也开始接受大家对这种情况的认定,并且全然忠于他人所派定的角色。

> 在一个依赖化学药物的家庭,"责任该由一个人来扛"一直是个主要课题。这也反映出这个家庭体系的极端想法及低落的自我价值。酗酒的成人小孩不断地寻找一个替罪羊来为自己的困顿找借口。就像严重成瘾一样,这个家庭经常会在每个问题上都持同样的看法,站在同一战线上。有好人、有坏人,而谁好谁坏,每个人都心知肚明。一旦被认定,就很难破除那样的行为模式。
>
> ——《酗酒者的孙儿辈》[1]

---

1. Ann W. Smith, *Grandchildren of Alcoholics*, Deerfield Beach, FL: Health Communications, Inc., 1988, 19.

到目前为止，我们对正常及功能失调家庭的讨论一直是偏向分析性的，属于"观念""运作"及"一般理论"的层面。但实际上你的家庭如何呢？它是如何运作的？有什么独特的优缺点？这样的特质对你有何影响？在下一章，我们会学到如何使用一些工具，来帮助我们更多地了解自己的家庭体系。

章后实践指导

一、下表列出了健康家庭的特性。请评估你家现在的健康状况，Y 代表"是"、S 代表"有一点"、N 代表"否"，并请逐题举例说明你的评估。

( ) 容易适应改变

( ) 全体一同处理问题

( ) 设定清楚界限

( ) 当事人直接处理

( ) 互相学习

( ) 鼓励彼此成为独立个体

( ) 考虑他人感受

( ) 容忍个别差异

( ) 个人为自己的生活负起责任

( ) 可以表现兴奋或沮丧之情

( ) 所有问题皆视为家庭问题

( ) 代与代之间彼此尊重

二、下表列出"僵化严厉"家庭的特色。如果你现在家庭的情况正是如此，请填写 C；如果这显示出你原生家庭的状况，请填写 O；如果两者都不是，则填写 N：

（　　）快速武断地做决定

（　　）把自己的决定强加在家庭成员身上

（　　）家庭成员处理情绪时，会有一段难受的时间

（　　）不允许表达情感，尤其是"不好"的情感

（　　）用迂回的方式表达愤怒，用愤怒操控人

（　　）既定的规则不能改变

（　　）快速严格地施行处罚

三、下列是"松散混乱"家庭的特点。如果你现在家庭的情况正是如此，请填写 C；如果这显示出你原生家庭的状况，请填写 O；如果两者都不是，则填写 N：

（　　）家庭成员解决问题的能力薄弱

（　　）缺乏把握，做决定时拖沓

（　　）过度宣泄情绪，不加约束

（　　）常处在混乱状态，很难说清楚到底发生了什么事

（　　）养育小孩没有一定的规则

（　　）毫无纪律

四、下列是缺乏健康界限的症状。健康的家庭允许设定个人界限，功能失调的家庭却不允许。下述状况若能反映你的生活，请打勾：

☐ 你发现自己想说不，却回答"好"。

☐ 你常常把他人的问题变成自己的重担，然后又心生怨恨。

□ 你倾向于分担他人的情绪，而无法保持客观。

□ 你难以决定自己要什么，因此选择他人要求你做的事。

如果你勾选了上列任何一项，这表示现在的你或多或少与功能失调的家庭体系有关。但无论如何，你可以学习并发展出健康的个人界限。了解你需要设立个人界限，就是踏往正确方向的第一步。

五、下列哪一项最能贴切地描述你的家庭？

□ 牵绊过深的家庭：制订严格的界限，控制彼此的生活，把家人圈在其中，并把"非家庭成员"摒除在外。

□ 关系疏离的家庭：非常缺乏情绪的支持或联系，家中极少有亲密的关系。

□ 关系适中的家庭：这类家庭介于上述两者中间，取得健康的平衡。家庭成员享受在一起的乐趣，但个人在家庭之外，也有良好的运作。

六、下列所述是功能失调家庭的类型。你的家庭与下列哪一类型吻合吗？

□ 孤岛型：家庭成员彼此之间很疏离。

□ 代沟型：代与代之间缺乏有意义的互动。

□ 性别划分型：不同性别的家庭成员之间，缺乏有意义的情感互动。

☐ 小圈子型：两个家庭成员自成一组，与其他家人隔绝。

☐ 山寨女王型：家庭公然地由某个成员管控。

☐ 幕后操纵型：某个成员以精巧微妙的方式，完全掌控这个家庭。这个成员通常拒绝参与协商。

☐ 家庭的替罪羊：某个成员为家中发生的所有错误承受责备。

假如你勾选了上述功能失调的家庭类型，不要气馁。透过认知自己家庭功能失调的情形，可以帮助你做出明智的选择，让家变得更健全，发展出新的模式。

第四章
世代相传的模式

每个家庭都有一套自成的规则，就像商场上的"游戏规则"一般。

了解家庭体系运作最有效的工具之一是世系图（genogram）。世系图是一种家族谱系表，它把一个家族几代之间纵横的关系与情感的联系都标示出来。它包括典型的家谱数据，例如姓名、生日、结婚或离婚、去世日期等等。不仅如此，它还包括对每个家庭成员的简述、优缺点和对后世造成的影响。把这些信息连接在一起，我们就能很清楚地分辨出贯穿于几代人之间的原则与模式。

若是你先快速浏览过本章，可能会被后面好几页的世系图吓到。但我向你保证，它们绝不像你第一眼看到的那么复杂。或许你会对各种符号感到陌生，但实际上，这些符号并不难理解。本章结束后，你可以拟制自己的家庭世系图，到时你面对的都是些熟悉的人名与事件，制作图表就不是一件难事了。

> 从过往的经验中得以释放的第一步，就是去了解一直以来未曾解决的问题。究竟你过去的背景中，有什么至今依然困扰着你、影响着你，甚至阻碍你的成长。
>
> ——《女儿背后的爸爸》[1]

---

1. H. Norman Wright, *Always Daddy's Girl*, Ventura, CA: Regal Books, 1989, 208. 中译本：赖诺曼.《女儿背后的爸爸》，刘丽珍、王文霞译，雅歌出版社.

> 若是我们能够搜集确切的家族历史，并且囊括对上下数代的认识，我们对于家族的成员就会有较为客观的看法。我们会以情境下的真实人物来看待父母和亲戚们，他们就像正常人一般，有他们的长处和弱点。假使我们能够学习用客观的态度来面对自家人，外在的人际关系就可以应付自如了。
>
> ——《亲密关系：你可以与别人更亲近》[1]

在学习"如何"制作世系图之前，让我们先谈谈"为何"需要制作。世系图可以带给我们三大好处：

首先是帮助我们理解。制作世系图将使你从整体的角度来看你的家族。你会发现你的家族是一个完整的体系，而不只是许多个体的大集合而已。你可以从中发现你的家族多年以来所特有的倾向与模式，这些至今仍对你造成影响。你不仅可以把新增加的认识应用到整个家族上，也可以应用到家族的某一代上，甚而应用到个人的身上。

其次，一旦认识增加，改变的可能性也会大增。在未有清楚的认识与理解之前，想改变是难如登天的。然而，一旦认识了问题和缺憾所在，就开启了改变的契机。

有了以上两点之后，便带给我们第三大好处，这也是本书的

---

1. Harriet Goldhor Lerner, *The Dance of Intimacy*, New York, NY: Harper & Row, 1989, 199. 中译本：勒纳，《亲密关系：你可以与别人更亲近》，王安娜译，远流出版事业股份有限公司。

要旨所在。当我们了解家庭体系的运作，并掌握改变的可能性时，就要考虑踏出关键的一步。这项决定关系到我们是否能够从过去的阴影中得到释放。这一步就是宽恕。

可从世系图判断家庭形态的几种指标

有几种指标可以帮助我们从世系图判断出家庭运作的形态。

一、画出界限

第一种指标是界限。《成人小孩：功能失调家庭的秘密》一书对于界限如何在一个家庭体系中运作有极佳的描述：

此刻，我们所谈论的是心理上和社交上的界限，原则上，它们与划分个人资产、城镇、国土的有形界限并无二致。为符合我们的目的，我们将查看三种类型的界限：

1. **个人界限**：这是决定我们与其他人关系的私人界限。
2. **代与代之间的界限**：此界限帮助我们厘清父母和子女之间的关系。举例来说，当这界限模糊不清时，孩子会反过来扮演父母的角色。
3. **家庭界限**：这是将我们与其他家庭区分出来的界限。

在每一种类型之中，分别有三种状态：

1. **严格的分界**：这种界限划分得非常严格，就像一堵难以穿透的高墙，两方不能自由地穿梭往来。
2. **模糊的分界**：这类界限很不清晰，就像是用一根竹竿在地上画界，轻易就可以擦掉。习惯于模糊分界的人，就算已经向某件事说"不",但只要稍稍被鼓动一下,就会改变心意。

3. **弹性的分界**:这是能屈能伸、健康的分界。若理由正当,一个人可由说"不"转变为说"是",但绝非出于罪恶感或受胁迫。习惯于弹性分界的人也容许他人有说"不"的自由。他能接受被拒绝,会另寻出路。[1]

界限在你家中运作的情形与你对外的人际关系极为有关。世系图可以帮助你认清存在于你家中的界限类型,以及它们所带给你的正面或负面的影响。

二、我们所扮演的角色

第二种可从世系图判断的指标,即角色的分类及其运作方式。"角色"是一种固定的关系模式,迫使我们采取一定的行动与反应。一旦被套上某一个角色,我们的行为就形成一种"惯常"的模式,无法因环境的变化而自由地作出反应。在此情况下,角色会贬低我们的个人价值。因为周围的人并不把我们看作是有人类尊严与自由意志的完整个体,而只是某某角色。例如,在他人眼中,我们不是"玛丽""杰克",而是"害群之马""替罪羊"等等。

我们对于经常在家庭中出现的角色(比如替罪羊)已经十分熟悉了。事实上,在一个家庭中,有多少成员就有多少种角色。我们的重点不在于列出一份标准的家庭角色清单,而是了解在我

---

1. John and Linda Friel, *Adult Children: The Secrets of Dysfunctional Families*, Deerfield Beach, FL: Health Communications, Inc., 1988, 57-63.

们家中有哪些角色，这些角色对我们造成了哪些影响。

家庭赋予的角色带给每个人深远的影响。就算我们实质上或形式上离开了原生家庭，家中一些主要的角色却在我们的记忆中留下了不可磨灭的印象。我们不断重复地扮演这些角色，即使在其他的团体中亦然。对于扮演我们所熟悉的角色，或容许我们扮演的人，我们感到别具吸引力。有时，我们厌倦了小时候所扮演的角色，而选择扮演另一个角色。但是，那仍然是我们所熟悉的角色——是我们原生家庭中其他人所扮演的。[1]

由此可知，了解我们在家中所扮演的角色，以及今日所扮演的角色，是一件相当重要的事。了解其他家人所扮演的角色和其中的关联性也十分重要。明白整体才会使我们明白部分。

> "不可破坏现状"是凌驾于所有家规的规中之规。这个清晰严厉的训诫将每个家庭成员捆锁在一套不健康的规则中。若是任其独大，这些规则就会抑制改革、阻碍成长、截断复原的希望。
>
> ——《错乱失序》[2]

三、依循的规则

每个家庭都有一套自成的规则，就像商场上的"游戏规则"

---

1. Mel Roman, Ph.D., and Patricia Daley, *The Indelible Family*, New York, NY: Rawson Associates, 1980, 34.
2. Robert Subby, *Lost in the Shuffle*, Deerfield Beach, FL: Health Communications, Inc., 1987, 46.

一般。这些规则有的可明说，有的不可言传。无论如何，它们确实存在，并影响着我们的家庭生活与行为。即使不明讲，每个家人也知道容忍的极限，遇见不同的情况该如何反应，以及不同的角色应做出何种表现。

还记得第二章提及的理查德吗？他的父亲住在州立精神病院，理查德和他的兄弟们轮流每个礼拜探望他，但他们绝口不提这件事。在理查德家中，"每六个礼拜探望父亲一次"和"绝口不提父亲"是再清楚不过的规则，无须开口明讲。

每个家庭对某些领域几乎都自成一套规则，诸如沟通的话题（"我们绝不谈论妈妈酗酒的事"）、情感的表达（"男儿有泪不轻弹"）、行为的界限（"我们在家中不彼此拥抱"）、接受的程度（"我们绝不会与那样的人结婚"）等等。在日常生活中，我们很难认清究竟有哪些规则。但是，一旦退一步，视我们的家庭为一个整体，这些规则自然就浮现出来了。

不成文规则

在功能失调的家庭中成长的孩子，很快就学会一套不成文的家规。以下是最为普遍的规则：

- **我们毫无感觉。**不表露情绪的波动，尤其是愤怒的情绪（不过总有一个人可以随意发泄情绪、无端动怒）。
- **一切都在掌握中。**我们绝不示弱、绝不求助，因为那是弱者的表现。

- **否认现实**。我们不相信自己的感官,自欺欺人。
- **不信任人**。我们不相信自己,也不相信他人。无人可以倚靠,无人值得信任。
- **保守家中的秘密**。或者以为,就算我们说出来了,也没有人会相信。
- **我们是家中的羞辱**。一切不幸之事都因我们而起,我们是扫把星。

四、三角关系

我们习惯于以"一对一"的方式来思考人际间的关系,比如哥哥与我、母亲和父亲、父亲与我等等。然而,在评估家庭体系时,从三人的角度来衡量关系的运作却更加简单明了。例如,我们把谈论"我与母亲的关系"改成讨论"父亲在场时,我和母亲的关系"。这个观念非常重要,需要更进一步的解释。在第五章中,我们会详尽地讨论三角关系,经由它来说明世系图中所透露的模式。

> 病态的羞耻感是代代相传的。以家族背景为耻的人往往会相互吸引并结合。这对夫妻各自背负着由家庭体系带来的羞耻感。这种羞耻的心态成为他们婚姻的基础,结果却往往无法享受亲密的关系。
>
> ——《医治捆绑你的羞耻》[1]

---

1. John Bradshaw, *Healing The Shame That Binds You*, Deerfield Beach, FL: Health Communications, Inc., 1988, 25.

五、循环模式

另一种世系图所显示的指针是循环模式。简单来说,这是在一个家族中世代重复出现的性格特征或关系模式。酗酒和依赖是最普遍的循环模式。酗酒不仅是生理遗传因子所造成的,也反映出一种态度和行为上的模式,使我们更容易有酗酒的倾向,或者对酗酒者产生好感——不只成为朋友,甚至结为连理。奸淫、离弃、虐待和离婚都有代代相传的可能,这些行为模式都可透过世系图显示出来。

> 若我们不了解家族的历史,就更可能会重复或反抗过去的模式,而毫不了解我们到底是谁,与其他家庭成员有何异同,以及我们该如何处理自己的生活。
> ——《亲密关系:你可以与别人更亲近》[1]

我们在第三章介绍的两种评估家庭的尺度:依附性和适应性,可在世系图中找到。究竟我们家族的背景是牵绊过深,还是过于疏离?是过度严厉,还是混乱无序?这些重要的运作模式都将在世系图中清楚地显明。

六、横向指标

世系图所显示的最后一种判断家庭运作形态的指标是横向指标。把它想成一个时间轴,在其上标示出对整个家族体系造成重

---

1. 勒纳,《亲密关系:你可以与别人更亲近》,原著第118页。

大压力的关键事件。这些事件包括意外死亡、离婚、迁移和其他重大的变迁。有人对于横向指标的描述如下：

> 因着无可避免的变迁、灾祸和家庭生活形态的改变，在整个家庭中所产生的焦虑随着当前的压力与日俱增。当横向指标上的压力到达一定限度时，任何一个家庭都会体验到功能失调的情况。[1]

横向指标与垂直指标不同的地方在于，横向指标所涉及的是当前发生的问题，与跨代的事件无关。当我们观看世系图时，许多事情不能以代与代之间的模式一概而论。有些问题的发生纯粹是因为生活遇到困境而已。

横向指针上所显示的当前生活压力不足以成为功能失调行为的借口。但是，了解这类压力的本质和限度，有助于探明功能失调行为的成因和持续的缘由。

搜集资料

建立你自己的世系图的第一步是搜集资料，你至少需要上溯前两代的信息。若是你的资料不足，最好花些时间进行必要的调研。假使你的父母愿意谈论，那就最好不过，不然，你也可以询问祖父母、阿姨、叔叔或堂兄姐等。家族中常常会有一位（不知道为什么，这位通常是阿姨）担任"家族轶事的记录者"，足以提供所需的大量数据。

我们的一位辅导对象比尔就是一个典型的例子。当他询问父

---

1. Monica McGoldrick and Randy Gerson, *Genograms in Family Assessment*, New York, NY: W. W. Norton & Co., 1985, 6.

母有关家族的基本资料时,他们表现出强烈的防卫心态。"你想知道这些做什么?"他们反问道,"过去的事不要再提了!"这样的回答反而激起了比尔的好奇心。接下来的几个月,比尔刻意地与一些叔叔、阿姨谈论这方面的事。每个人都提供给他一小部分数据,但还是不能构成一幅完整的画面。就在他想要放弃时,其中一位阿姨建议他去请教她的表姐。恰巧这位表姐对她本身的家族历史有透彻的了解,足以弥补比尔的缺漏,帮助他完成自己的世系图。

你可能不像比尔这么幸运。但即使要付出相当的代价才能搜集到所需的资料,我仍建议你持续不辍,因为这是绝对值得的。

建立你的世系图

当你搜集到所需的资料后,就可以开始建立世系图了。首先,你要准备几大张白纸,最好是可以整张挂起来的大型空白图表,文具用品店都买得到。使用大型纸张的原因是:一来,初画世系图时,你会发现它向"四面八方延伸";二来,当你完成后,坐下研究整幅图时,比较容易看得清楚、明白。

> 家庭体系最主要的元素是婚姻。若婚姻健全、能发挥应有的功能,家庭也随之健全。假使婚姻失去功能,整个家庭的功能也就失常了。
> ——《医治捆绑你的羞耻》[1]

---

1. John Bradshaw, *Healing The Shame That Binds You*, Deerfield Beach, FL: Health Communications, Inc., 1988, 30.

在绘制世系图之前,你需要先认识一些基本符号。简述如下。

男性家庭成员以方格为代表,女性则以圆圈为代表:

若在方格或圆圈中画一个叉,则表示此人已去世:

1941-1988　1943-1991

⊠　　⊗
　　过世
（出生与死亡日期）

亲密关系以线条表示,介于一男一女之间的水平线代表两人有婚约关系;若在这条水平线上画两道短线,则表示两人已离婚:

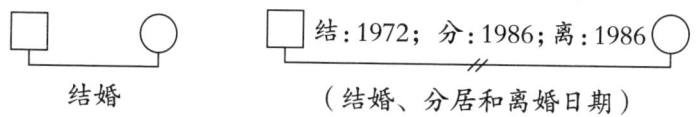

孩子按年龄大小由左到右依次排列,养子（女）则以虚线表示:

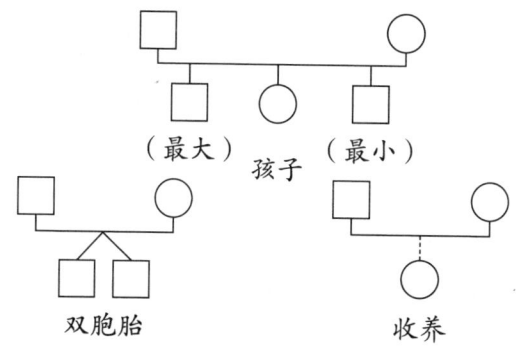

现在，开始建立你的世系图吧。

从与你有直接关系的家人开始。举例来说，若你是一个有两个儿子的已婚妇女，你所绘制的图表便如下图：

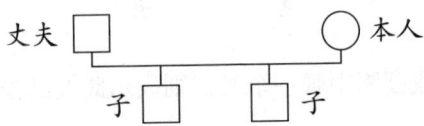

接着绘制你原生家庭的图表。假设你排行老大，有两个弟弟，而你的父亲已过世，图表就如下：

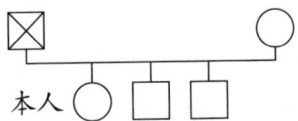

再来绘制你丈夫原生家庭的世系图。假设他父亲在第一任妻子过世后，又再续弦。第一任妻子留下一个女儿，而第二任妻子则育有一个女儿，一个儿子。你的丈夫就是那个小儿子。听起来似乎十分复杂，但若以世系图表示，就简单明了：

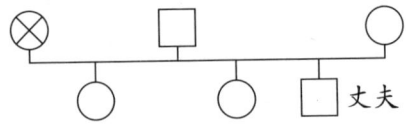

再进一步，就是将两个家庭的上一代加进来，并把两个家族的世系图联合在一起。我想，我无须再用文字形容了，所绘制的图表大致如下：

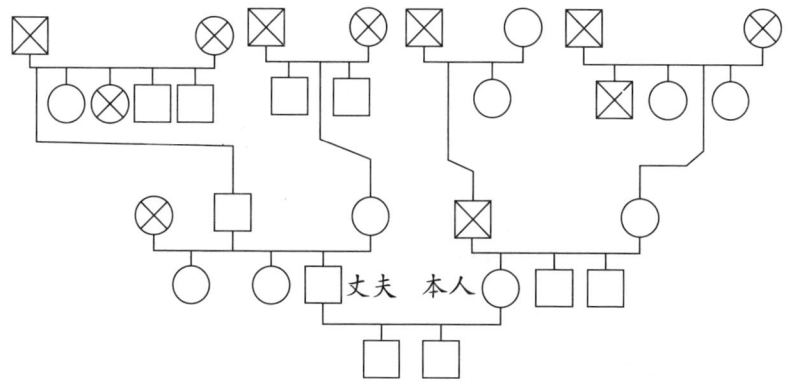

现在，你拥有一份跨三代的家族表，这就是世系图的核心结构。不难吧？

接着，回到图表中，加上每个人的名字和关键的日期：出生、死亡、结婚、离婚，以及在"横向指标"上写下对你别具意义的事件。这下你知道为何要用大型纸张了吧？我们在咨询室里制作时，常常将一大张纸贴在墙上，先做一份草稿，把所有的数据都包括在内，再回头誊录一份一目了然的版本。

然后，再次回到图表中，简单地描述那些对你的一生、你的家庭生活有影响力的人物及关系。就人物来说，你可以略述他的性格特征、个人问题、他所扮演的角色，以及他对家庭运作造成的影响。尤其要记下酗酒或其他的失序行为，以及在家中被当作"替罪羊"的人物。

就关系而言，对于特别亲密的关系，以较粗的直线来表达；至于彼此冲突紧张的关系，则以波浪线来表达。若有第三章提到的那种"小圈子型"功能失调家庭（第77页），便以双线来做记号。假使你知道某些家庭在依附尺度和适应尺度上的指标，也可以记录下来。你只要在特定的家庭旁标上"僵化严厉""混乱松散""牵绊过深"或"太过疏离"等字眼就行了。

不过,有一件事要特别提醒:虽要力求详尽,但也不能忽略清晰明了。有些人太过于深入研究家族历史,以致将家族的花边新闻、传闻轶事都罗列在内。把太多信息塞进世系图中反而大大降低了可读性。切记:世系图的目的是要找出代代相传的行为模式。若是你塞进太多不相干的信息,就会变得见树不见林!按照我们所提示的步骤,你将会把最重要的信息载入世系图中。假使有些额外的信息令你不忍割舍,就用其他的纸张记录下来吧。

当你完工后,接下来的任务就是坐下来,好好地研究一番。是否有任何"横向指标"上的关键事件一而再、再而三地发生?是否有严重的关系破裂,如离婚事件?是否存在"僵化严厉"或"混乱松散"的家族历史?是否曾出现其他功能失调的家庭类型(如第三章所提的代沟型、山寨女王型等)?是否有些个人的问题世代重复出现(酗酒或其他不良嗜好、情绪崩溃等)?有一位女士赫然发现她前后三代的家族历史,共发生十一次自杀事件!在研究世系图之前,她从没想过自杀倾向是她家族特有的问题。

貌合神离的夫妻

现在我们来看一些实例,以便对世系图的应用有更深入的了解。第一个案例代表了许多夫妇前来求诊的典型问题。

当帕特和艾美谈起他们的故事时,语气里充满了爱恨交织的情绪。他们一起来寻求婚姻辅导,因他们的婚姻关系几乎已到了不可收拾的地步。艾美警告帕特,若是情况没有改善,她就要办理离婚手续。

早些年,帕特有酗酒的习惯。因为酗酒,他大多数时候都不在家。就算他在家,也充满敌意,或索求无度。几年前,帕特凭着意志力戒酒,随着酗酒而来的敌意也解除了大半,但是,他的以自我为中心与无理取闹依然未改。如今,帕特与艾美的婚姻就好比两个陌生人恰巧同住在一个屋檐下一般。

艾美将注意力集中在照顾孩子上,借以忘却婚姻的不如意。另一方面,她也花尽心思讨好(或至少是安抚)丈夫。她最终的目的是要保持家中和谐,避免触动帕特的怒气。

近来有两件事使得他们的婚姻陷入危机。首先,他们的两个孩子长大离家了。艾美不仅要面对空巢,更要面对心底的空虚。其次,为了填补空虚,她开始外出工作。在工作上她表现得相当成功,迭有升迁,而且交了一些新朋友。工作上的成功使得艾美更深地体会到她所错失的岁月。

除了房子变安静以外,帕特并没有察觉到孩子离家所带来的改变。但是,艾美的工作却令他感到不快。有时,他将婚姻的问题归咎于艾美外出工作。而当他发现抱怨无效后,便想出另一个方法:企图更多地参与艾美的生活。然而,这样也无效。直到艾美提出"离婚"两个字,帕特才如梦初醒。不久之后,他们便来到诊所,寻求援助。

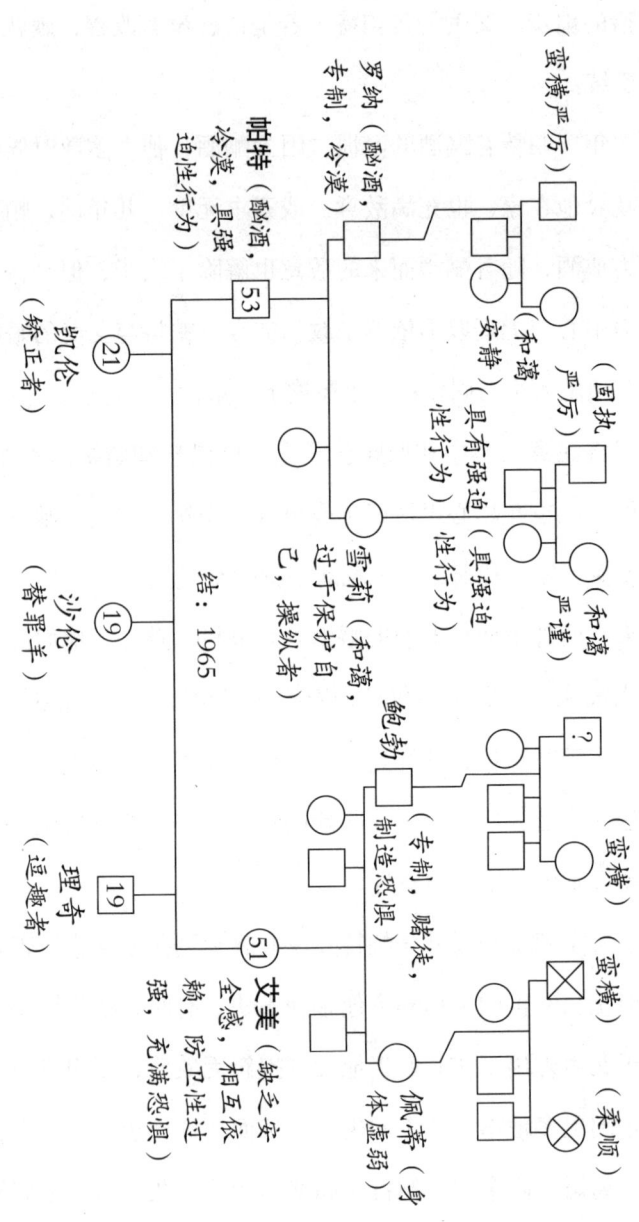

帕特的背景

我们将制作三代世系图的方式介绍给他们。他们的世系图透露出许多宝贵的信息。这份世系图刊载于第104页,你可以随时对照。

首先,让我们看看帕特的家庭背景。他父母的关系模式与他和艾美非常相似。他的父亲罗纳是个酒鬼,大多数时候都置家庭于不顾,但只要他在场,就颐指气使。他似乎十分不善于表达感情。帕特的母亲雪莉,则是个柔顺的妇人,努力维持家中的安宁,但在某些方面却表现得十分坚持——特别是在保护孩子上。帕特与母亲的关系很亲密,对父亲却充满敌意。

再看前一代,我们发现帕特的祖父母辈也具有同样的家庭模式(虽然没有明显的酗酒行为)。帕特家族有一个明显的特征,就是固执、严厉,帕特在自己的家中也维持着这样的传统(甚至变本加厉)。

艾美的背景

现在我们来看看艾美的家族。她来自一个父母失和的家庭。她的父亲鲍勃非常专制,嗜赌如命,经常不在家,但只要一回家,气氛就变得很僵。而另一方面,他却又表现得像一个"顾家的人",不断地强调家庭对他的重要性。艾美的母亲佩蒂身体虚弱,因此,大部分的家务事都落到艾美的肩上。艾美的母亲经常抱怨,却从不对艾美发脾气,反而亲切有加。

艾美对祖父母辈所知甚少，但却有一些迹象显示，她的祖父母家庭也是顽劣与柔顺的组合，男人是家庭的边缘人物，女人则是家庭的中心支柱。

他们的循环模式

我们查看世系图越久，其中的模式就越清楚地浮现出来。在双方的家族中，我们发现一个世代相传、令人纠结的问题。在这两个家族中，孩子与父母亲的问题都缠绕在一起：帕特与艾美都发觉自己与母亲组成联合阵线，以对付父亲带给他们的负面影响。而最后，他们自己也落入从小熟悉的关系模式里，无法跳脱出这个牢不可破的恶性循环。

尤其是帕特。他发现自己同时要扮演两种艰难的角色。他被父亲定型为"替罪羊"。他的父亲经常有意地向他灌输："假如你不惹出那么多麻烦，我们大家的日子都好过些。"而同时，当他的母亲因丈夫的冷落而忧伤时，他又要扮演安慰母亲的角色。这双重的角色彼此倾轧、增强。帕特的母亲越依靠他，他的父亲就越憎恨他。相反，他的父亲越虐待他，他的母亲就越加保护她的"小英雄"。面对这两重压力，帕特的方式是，在情感上退缩回自己的小天地，而当他年岁渐长，便沉迷于酒精，借酒浇愁。

另一方面，艾美却明显地被教育成一个"能者"的角色。她性格稳定、负责，即使身边的人行径乖僻、逃避现实，她仍可以一肩挑起责任。在父母的紧张冲突中，她能保持冷静。之后，她又充当和事佬的角色。当家庭看似分崩离析时，她努力保持家的完整。对于一个小女孩来说，这绝非易事。但失去家庭和被遗弃的恐惧，促使艾美付出近乎超人的努力，以便在种种冲突中仍然保住她的家。这对于日后她与帕特的婚姻正好提供了一个严格的训练。

帕特和艾美从他们成长的背景中学到一些相同的功课。举例来说，他们两人都学到母亲专事养育之责，父亲则提供物质上的需要，并且大多数时候与家人的关系很疏远，一旦出现在家中时，又要掌控一切。另外，他们也清楚地学到一条规则："我们闭口不谈自己的问题。"

他们还学习到一些相反的教训，比如说，帕特学到的是，即使夫妻在一起的时间非常少，一桩婚姻和一个家庭仍然能维持下去。相反，艾美学到的则是，不论问题有多严重，仍然可以共处一堂，像一家人般一起生活，就好像什么都没发生一样。

> 约有85%的人，最后都会与性格近似自己父母的人结婚；女性以自己的父亲为选择标准，男性以自己的母亲作为衡量。……结果，童年时期我们习以为常的，如今仍继续下去。
>
> ——《宽恕的自由》[1]

---

1. Paul Meier and Frank Minirth, *Free to Forgive: Daily Devotions for Adult Children of Abuse*, Nashville, TN: Thomas Nelson, Inc., 1991, June 21.

当我们越了解帕特和艾美成长的家庭运作情形,便越能了解他们何以会有如此形态的婚姻。帕特不过是模仿父亲的模式,对妻儿甚少关心。当他越加沉溺于酒精,艾美维系整个家庭的担子就越加沉重。

帕特对家庭不闻不问的态度触动了艾美的伤痕,过去成长经验中被遗弃的恐惧又袭上她的心头。很自然地,她再度承担起"能者"这个熟悉的角色,把维系整个家庭的责任一肩挑起,也独自担负养育之责。由于帕特与艾美都不懂得与对方沟通自己的感受,只好任凭童年时期的模式再度重现。过去未曾抚平的伤痕一直得不到治愈的机会,反而复发,日益严重。

当我们帮助帕特和艾美了解双方家庭的运作模式之后,产生了两项结果。首先,他们对自己的家族有了更清晰的了解,意识到自己与父母辈的相似情形,但是对于祖父辈如何塑造他们父母的生活却未曾留意。当他们认识到功能失调的模式如何由一代传到另一代,便对自己真正需要处理的问题有了更明确的概念。

其次,帕特与艾美都感到十分讶异,没想到自己仍然扮演着从家族带来的角色,并遵循同样的规则。对于将小时候的模式一成不变地应用到自己的家庭和婚姻中,更觉得难以置信。

在丈夫意识到之前,其实妻子早已积压长期的不满了,这样的情形并不少见,帕特和艾美就是一例。男人通常不太注意关系上的问题。在辅导的过程中,我们将焦点集中在厘清家庭的规则上。通常,我们会公开地邀请家人一起讨论他们想要在家中建立的规则,同样也需要讨论必须放弃什么角色,如何以更适合且更具弹性的角色来取代。这些与夫妻、亲子间的关系密不可分。

亚伯拉罕的后裔

现在让我们参考一下第二个例子。这个例子取自《圣经》，是关于亚伯拉罕和他后代的子孙。

讨论之前，有些需要注意的事项。首先，我们显然无法了解亚伯拉罕及其后裔，我们无法询问亚伯拉罕和他的家人一些问题，以便更清楚地了解他们家庭体系的运作情形。因此，当我们企图分析已过世的人时，必须格外小心。

尽管如此，亚伯拉罕及其后裔的确为我们提供了有关世系图的绝佳例子。若是你想知道更多，请阅读《创世记》十二至五十章。接下来我们会看到，这份世系图将一些家庭运作的形态清楚地显示出来了。这些家庭运作的情形在《圣经》历史上占有十分重要的地位。

故事的开头提到，亚伯拉罕与撒拉长久以来都膝下无子。撒拉在沮丧之余，建议亚伯拉罕与她的使女夏甲同房（此为当时习俗），由她得一个孩子。因此，以实玛利诞生了。在当时，使女拥有的一切都属于主人的资产，所以，以实玛利便算是撒拉的儿子。

几年之后，撒拉自己也怀孕，生了一个儿子，取名叫以撒。亚伯拉罕和撒拉如今是两个孩子的父母了。然而，撒拉开始排斥以实玛利，家中的气氛变得十分紧张。撒拉对自己说："以撒是我的，是我生的。而以实玛利并不真正属于我，他是属于夏甲的。"最后，撒拉的嫉妒与憎恨到达了顶点，迫使亚伯拉罕将夏甲和以实玛利永远逐出家门。

这里我们见到一个新模式，这个模式在随后的世代中又不断出现。在这个案例中，父母显然很偏心，他们一致同意偏爱的对象是以撒。以实玛利一开始就在情感上遭撒拉排拒，随后又在实际的名分上受到撒拉和亚伯拉罕的排斥。

我们看看世系图如何展示亚伯拉罕的第一代家庭：

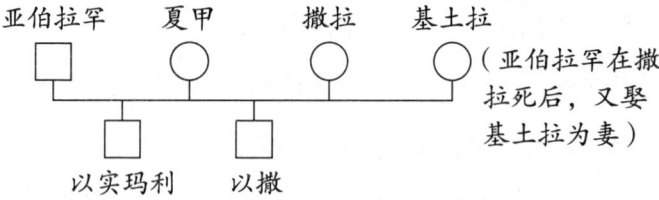

以撒与利百加

现在我们观察一下第二代的情形。以撒遇见利百加，一见钟情。婚后，利百加生了一对双胞胎——以扫和雅各布。底下是他们的世系图：

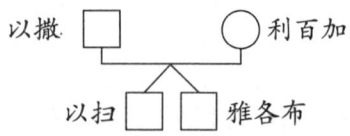

以撒本身是在一个"父母偏心"的家庭中长大，最后导致的悲剧是同父异母的哥哥被逐出家门。按理说，以撒应警惕自己的

偏心，以免重蹈覆辙。然而，到最后，他仍然犯了同样的错误，尽管情况与上次稍有不同。

　　以撒的两个儿子的性格截然不同。以扫善于打猎，常在户外活动；而雅各布为人安静，喜欢待在帐篷里。以撒偏爱以扫，利百加则偏爱雅各布。究竟以撒有没有察觉到家中发展出的不健康模式？他是否注意到在他成长过程中所经验到的模式又重复出现？他与利百加曾讨论过这个问题吗？老实说，我们无从知晓。但并没有明显的证据显示他曾做过这方面的尝试，反而有许多地方暗示出，"闭口不谈我们的问题"是以撒家中一条心照不宣的规则。无论如何，父母的偏爱将这个家庭一分为二。

雅各布与拉结

　　现在我们来建立雅各布的家庭图表。雅各布的婚姻史有些复杂，他本来打算娶拉结，没想到受母舅的欺骗而娶了利亚。他气愤地找舅舅理论，结果舅舅答应他一个礼拜后便将拉结嫁给他。一时间，雅各布有了两个妻子，这两个妻子又有各自的使女。雅各布因着四个妻妾获得众多孩子。以下便是雅各布、他的妻子们和十三个孩子的关系图：

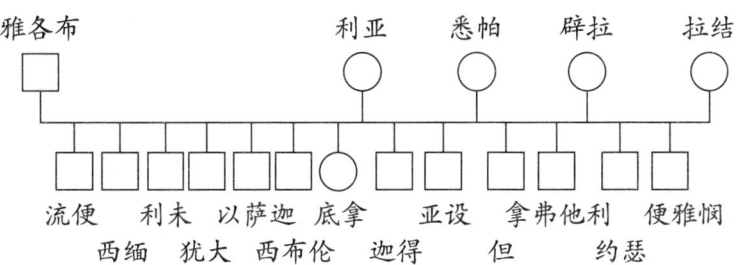

同样，偏心模式又在雅各布家中出现。他的两个妻子彼此争宠，她们各有自己的孩子，也拥有使女所生的孩子。在这个例子中，拉结是雅各布最爱的妻子，因此拉结所生的长子约瑟是雅各布最爱的儿子。

亚伯拉罕家庭完整的世系图刊载于下页。你能看出世代重复出现的模式吗？例如，每一代中都有一个儿子要被迫离家：亚伯拉罕的儿子以实玛利因撒拉的嫉妒而被赶出家门；以撒的儿子雅各布为了逃命而离家（他的哥哥以扫誓言要杀他，因他夺取了以扫的长子名分）；雅各布的儿子约瑟因哥哥们的嫉妒而被卖到埃及做奴隶。

此外，每一代都显示出夫妻之间的意见不合，造成跨代的联合阵线：亚伯拉罕与以撒联合，排拒以实玛利；以撒与以扫联合，对抗利百加和雅各布；雅各布联结约瑟，与其他的儿子对立。你发现了吗？每一代所经历的问题，都能在前一代的家庭模式中找到其根源。这样的情形非常普遍，而世系图帮助我们观察得更加清楚。

亚伯拉罕的世系图

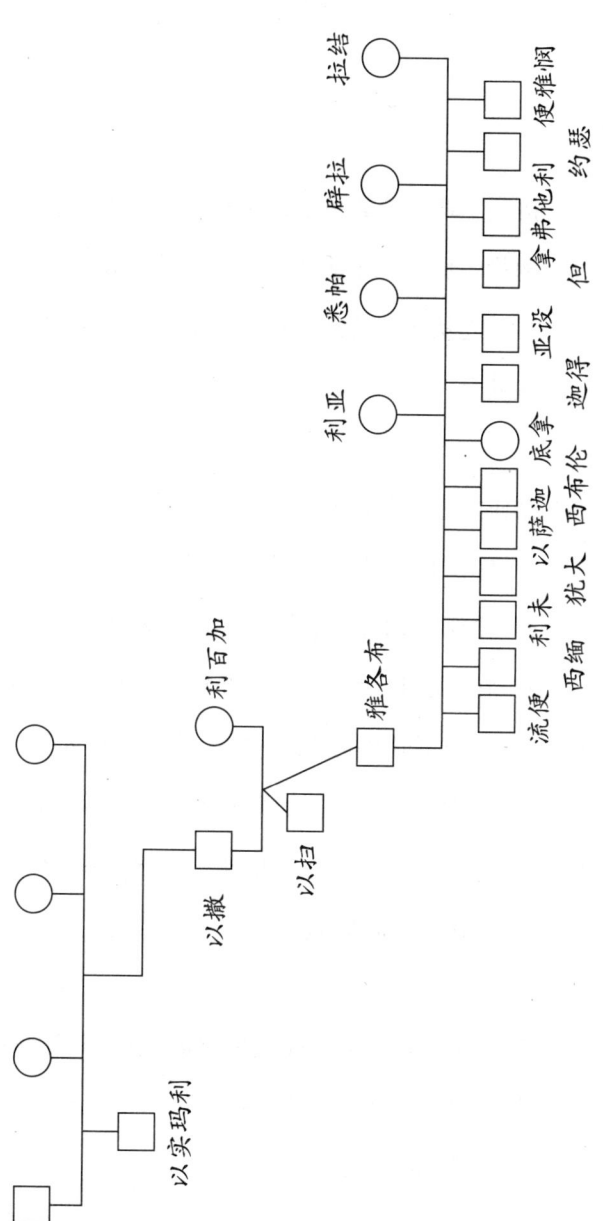

章后实践指导

一、按照本章所给的指示,制作你的家族世系图。至少往前回溯两代。也许你无法获得所有需要的数据,不过,别因此而却步。先从已知的部分着手,随着你找到的信息增多,再把空缺补上。

二、制作好你的家族世系图后,据此回答下列问题:

- 你在原生家庭中扮演什么角色?
- 你现在还扮演相同的角色吗?还是你已改扮其他角色了?
- 在你之前,是谁扮演这个角色,而你不知不觉地模仿了他?
- 有何不成文的角色一代一代地不断重演?
- 发现了什么重复发生的模式(参考本章所提的模式,如:成瘾、欺骗、互相依赖、奸淫、离婚、离弃、虐待、溺爱孩子、说谎)?

三、在家庭时间轴上,描述你家庭生活的"横向指标"。从你结婚开始(如果你未婚,则从你出生开始),标出所有影响你家庭成员的重大事件。

四、指出从过去至今，始终"困扰你、影响你、左右你、阻碍你"的事。

五、运用以下具有特定含义的字母和你的世系图，在下列生活领域中，评估你的界限性质。从 R（界限严格）、D（界限模糊）、F（界限有弹性）中，选择最能代表你行为特色的。请记得：界限严格＝太强硬，界限模糊＝太软弱，界限有弹性＝健康。

（　　）个人的界限

（　　）世代之间的界限

（　　）家庭界限

六、下面列出功能失调家庭的不成文规则。如果这项特征能代表你，请填写 Y（代表是）；如果你有时候这样，请填写 S（代表有时候）；如果你不是这样，则填写 N（代表否）。如果这项特征勾勒出了家中的其他成员，请在后面写上他们的名字。

（　　）没有感情，不被感动：_____

（　　）永远握有控制权：_____

（　　）否认眼前事实：_____

（　　）不信任人：_____

（　　）保守家庭秘密：_____

（　　）感到羞耻：_____

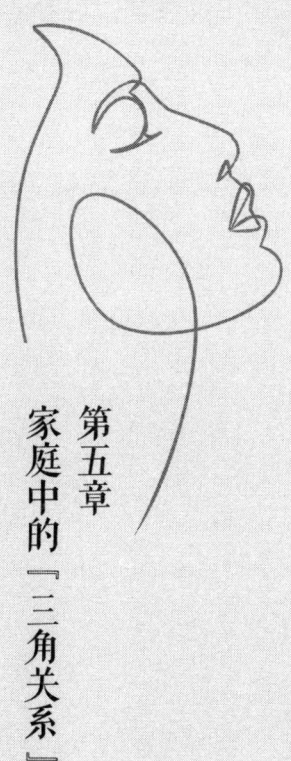

第五章
家庭中的「三角关系」

只有将第三者纳入研究的范围，才能真正解开关系的症结。

我们在第四章曾提过,研究家庭体系的专家发现,了解人与人之间的沟通,最有效的方法是透过三角关系。

大多数的人并不如此认为。举例来说,若是我们想要了解一位母亲和她女儿相处的情形,我们自然会将焦点集中在她们两人身上。她们在一起时做些什么?她们的关系如何?她们是如何沟通的?

多年来,许多学者便是以这种方式做研究的。的确,也从其中获益良多。然而,不久他们就发现,只有将第三者纳入研究的范围,才能真正解开关系的症结。

第三者

假设有一对热恋中的情侣,"眼中只有对方",几个月来,他们陶醉在两人的世界里。当他们处于这种模式时,我们只能片面地了解他们。大多数时候,他们封闭在自己的小天地里;除非他们被迫与"外在的世界"有所交流,否则我们甚难掌握他们的关系。

假设这对恋人共同认识一位好友,这位朋友对他们的关系持质疑态度。当三人在一起时,我们就可以观察到截然不同的关系模式。我们可以看看他们个人与这位朋友之间的关系，以及这位朋友在场时，他们彼此的关系。此外，最重要的是，他们如何在明示和暗示之间应付朋友对他们的关系所提出的挑战。若是我们只限于观察这对恋人的关系，就无法了解以上这些重要的关系模式。

> 两人世界根本上是不稳定的，因为双方面的冲突与焦虑无法隐忍太久，第三方很快就会被卷进（或自动涉入）。这个过程就像是物理定律一般，自然而然就发生了。
>
> ——《亲密关系：你可以与别人更亲近》[1]

"三角关系"使我们有全新的角度来观察人际间的交往。重要的是，第三者提供一个外在的参考因素，使我们在对比之下了解两人之间的关系。举上述恋人为例，将对他们持质疑态度的朋友带入画面中，促使他们从"自己的小天地"中走出来，也帮助我们从现实的角度来衡量他们之间的关系。

在三角关系中，第三者也可以帮助我们解开隐藏在关系中的运作模式。比如说，许多丈夫与妻子已经习惯了既定的模式，在关系的运作当中隐含了很多秘密、暗号和不成文的规则。当浑然不知这些秘密、暗号与规则的人（或明知却不遵守的人）加入时，这对夫妇就被迫去面对他们一向轻忽或置之不理的现实情况。第三者会"揭开"我们刻意逃避的现实世界。

---

1. 勒纳，《亲密关系：你可以与别人更亲近》，原著第151页。

绘制三角关系图

基于上述理由,我们发现,研究一个家庭中的"三角关系"是了解家庭体系和运作情形的最佳方法之一。完成世系图后,接下来要做的就是绘制"三角关系图"。本章将帮助你了解三角关系运作的情形,以及如何制作你自己家庭体系中的三角关系图。

听起来似乎有些复杂,但实际上,这些概念并不难掌握,并且得出的成果包你满意。

在绘制三角关系图时,有两个基本的符号:连接两人的直线和连接两人的曲线。

直线代表彼此联系或互相吸引的关系,曲线代表彼此嫌恶或缺乏联系的关系。两人在一起若是觉得很舒服又彼此吸引,就用直线连接;反之,若是无法相处或者不能"联系",就由曲线来连接。

通常,直线的关系意味着和谐、投契,而曲线关系则代表不和,甚至冲突。我们会很自然地以为,直线关系必定是表示两人"相处融洽",曲线则表示"相处不来"。但这却不是定律!有些人虽经常冲突,但彼此却有很深的依附关系。我们应该都看过"不是冤家不聚头"的夫妻,这远比我们所能想象的还要真实。

父母无法分开的案例

我认识一个名叫路克的男孩,他的父母是我见过的最极端的例子。我认识路克时,他的父母已经离婚二十多年,并且分别再婚了。但是,据路克说,二十年来,他们没有一天不在电话里吵架。

"他们仍然彼此交谈吗?"我怀疑地问道,"每一天?"

"是的,每一天,没有一天例外。"路克回答说,"不仅如此,他们还会随着对方搬家。"

"为什么说他们随着对方搬家?"我问道。

路克解释,在他们离婚和再婚不久后,路克的父亲和他的新婚妻子搬去另一个城镇;不到一个礼拜,路克的母亲与新婚丈夫也搬去同一个城镇。路克不明白何以会如此。但据他说,过去二十年,他的父亲或母亲至少搬过十二次家,每一次当一个搬迁后,大约一个礼拜,另一个就跟着搬到同一个地方。他们分处于不同城镇的时间最长不超过一个月。

我说过,这是一个极端的例子。但这个例子将前面陈述的观点很戏剧化地表达了出来。我们不得不以直线来表示路克父母之间的关系,因为他们显然是彼此联系,而且似乎无法分离。然而,过去二十年,他们的关系除了冲突之外,一片空白。

同样的道理,曲线的关系也有可能相对地显得平和。曲线不只代表冲突,也可能代表距离、疏离、冷漠、分离、缺席(比如一位父亲,一年有十个月在出差),或单单表示两人"意气不相投"。通常,曲线代表的是缺乏情感上实质的联系,而不只是冲突对立而已。举例来说,有一对亲子从不争吵或辩论,但彼此从未形成任何有意义的交集。对这样的关系,我通常以曲线来表示。

还要提醒一点。通常,我们提及三角关系时,我们是指三个有血有肉的人实际往来的情形。然而有时在一个关系中,第三者可能只是个象征。比如,当我们说:"你就像你母亲一样。"或说:"你做这件事,使我联想起你的父亲。"这表示未出席的第三者在这个关系中也占有极其真实的地位。

三角关系的四种类型

现在,我们将直线与曲线互相配搭,可以得出以下四种三角关系的类型:

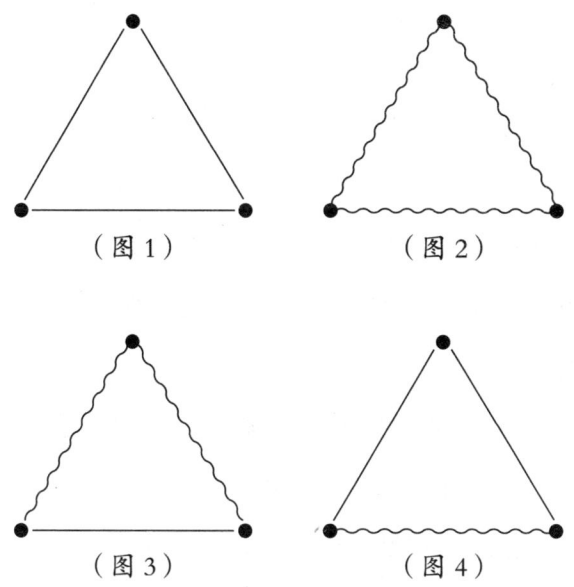

(图1)　　(图2)

(图3)　　(图4)

第一类三角关系全部由直线组成(如图1)。这表示三个人彼此有很深的联系，而且多数时候彼此相处得宜。这种三角关系是四种之中最融洽的。

第二类三角关系全部由曲线组成（如图2）。这表示三个人不是相处不来，就是彼此无法联系。显然，处在这种三角关系中的每一位都感到不愉快。

第三类是由一条直线和两条曲线组成（如图3）。这代表其中两人联合起来对抗第三者。比如，两兄弟联合起来挑小妹的毛病，或者母亲与女儿联合对抗父亲。

第四类是由两条直线和一条曲线组成（如图4）。这情形发生于两人意见不合，而第三者试图做和事佬。譬如，一位母亲努力维持父亲与儿子之间的和睦。

平衡的原则

不论在什么时候，只要有三人在的地方，就会形成四种中的任一种三角关系。但在这四种关系中，只有两种是稳定且持久的。当关系的密切与强度增长，并且持续一段时日之后，三角关系就会趋向此两种稳定的关系。我们称此两种类型为"平衡"的三角关系。

第一种全部由直线组成的三角关系（如图1），就是平衡的关系。这种三角关系能持久的原因很简单，因为每个人都很享受与其他两人的相处，所以没有理由要做任何改变。

第二种全部由曲线组成的三角关系（如图2），单从定义上来看，就可知是不平衡的。三个无法相处的人在一起，根本无法形成正常的关系。这种类型注定要分道扬镳或自我瓦解。

第三种类型,亦即两个人联合起来对抗第三者的类型(如图3),也是属于平衡的三角关系。虽然这种关系不是令人愉快的安排——至少对第三者来说——但这种关系却可以持续很长一段时间。实际上,联合的两方常因同仇敌忾之故,加强彼此的关系。

第四种类型,亦即一个人在彼此不和的两个人之间作和事佬的关系(如图4),在本质上是不平衡的。

第四种类型的三角关系,乍看之下不像不平衡的。但是,其实我们或多或少都经历过这种情况。举例来说,有两位同事是你的好朋友,但偏偏这两个人彼此不和。这样的情况会一直持续不变吗?

可能会。只要你们三人是身处在一个结构完善、事务性的关系网络里——比如说,是一个大办公室中的同事。但假使你们三人搬进一间公寓同住,情况很快就会改变了。

我们假设由你来担任和事佬的角色。不消多久,就会有两种情况发生。要么是你对维持两方的和睦感到厌倦,转而投效其中一方,与之联合对抗另一方;要么是两个同事中有一个不满你担任和事佬的努力,反而与另一人联合对抗你。不论哪一种情形,三角关系的类型都转变为两者联合对抗第三者的类型,形成一种平衡的三角关系(当然,也有第三种可能性:你们三人全都受不了对方,因而整个关系完全瓦解)。

不平衡的关系只能维持一小段时间,或者只能在事务性的环境里存在。但是在接触频繁、时日绵长的环境下(大多数是在家庭中），所有的三角关系短时间内都会朝平衡的类型发展。

有两个"最好朋友"的小女孩

事实上，这种三角关系的转化情形在我们周遭经常发生。举一个简单的例子。假设你是一个6岁女孩的父母。一个礼拜六下午，你同时邀请孩子学校里最好的朋友，以及她在教会中最好的朋友来家里玩。这两个被邀请的对象从未见过面。

起初一切都很顺利。但不久之后，学校的好朋友将你的孩子拉到一边说："我还以为我是你最好的朋友！"你的女儿向她保证，她绝对是最好的朋友。这个朋友立刻跑去跟另一个朋友说："我是她最好的朋友，你不是！"在教会里结识的那个小女孩立刻跑到你孩子的跟前质问说："我不是你最好的朋友吗？"你的孩子同样对她说："当然是啊！"现在，整个情况就形成一种不平衡的三角关系：

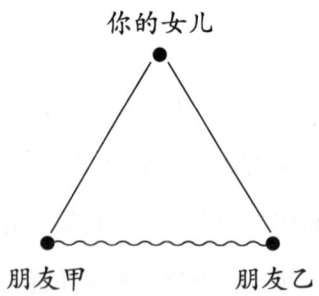

父母都知道，不消多久就会演变成两种情形：要不有一个朋友感到受伤，开始吵着要回家；要不就是两个小客人彼此成为"好朋友"，反而忽略你的孩子。情况于是演变为以下这种平衡的

三角关系：

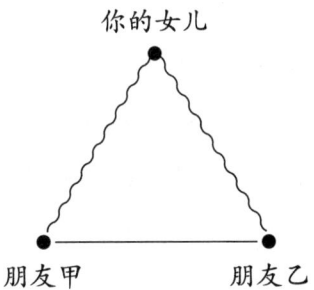

当每个人都争着做好朋友的情形出现时，孩子们通常不够成熟，也没有圆滑的技巧来解决这个难题，即使是父母也插不了手。当情况真的发生时，常会令我们惊讶不已。十之八九会演变成两人联合起来对抗第三者。这就是为什么我们认为第四种类型的三角关系在本质上是"不平衡"的。

三角关系的预测能力

平衡的原则有显著的持续性与耐久性。根据我们的经验（及其他家庭体系理论家的经验），在一个像家庭般关系密切的环境中，所有三角关系最后都会转化成以下两种"平衡的三角关系"之中的一种：

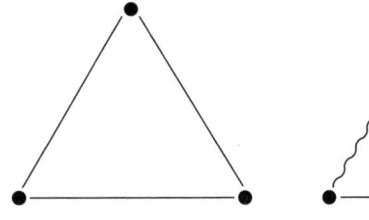 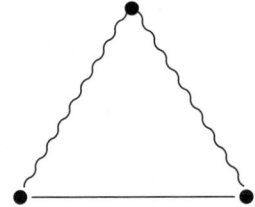

不仅如此，其中任意两人之间的关系（不论是直线或曲线），都会保持不变，不致随着第三者的加入而更动。

例如，有个人说："我和我哥的关系非常好。"但接下来有趣的事发生了。当我们以他母亲为第三者画三角关系时，他认为他们三人的关系都是直线；当我们以他姐姐为第三者画三角关系时，情形也是如此；然而，当我们将第三者换成他父亲时，他却说："我们三个在一起就是不和。在这个三角关系中，我和我哥中间必须画曲线。"

我们的回答是："显然这里出现了一些问题。从经验显示，不论第三者是谁，你与哥哥之间的关系应该都保持不变。"接着，我们会更深一层探究，他是否在前两个三角关系中，将他与哥哥的关系理想化了，还是在第三个三角关系中，错估了他父亲所带来的负面影响。

> 撇开孩子不谈，我们常常处于各种不同的三角关系中，因为我们从过去成长的家庭（和其他地方）带来许多"包袱"。这些包袱是我们未曾留意的，而在无形中却可能加重其他关系的负担……探讨三角关系，不仅意味着厘清我们原生家庭中存在的问题，了解其产生焦虑的原因，此外，也意味着观察我们在当前家庭主要三角关系中的角色，并适当地修正。
> 　　　　——《亲密关系：你可以与别人更亲近》[1]

---

1. 勒纳，《亲密关系：你可以与别人更亲近》，原著第199页。

隐藏的关系模式

平衡原则的持续性是相当可靠的,我们可以借此原则把关系中隐藏的模式揭示出来。举例来说,有一次,我们处理了贝蒂的个案。她的母亲在她幼年时就离婚了,贝蒂与母亲的关系很疏离,并且经常受到苛责。但她相信母亲和继父的关系很稳固,她也坚持她与继父的关系十分亲密。她画了一个三角形来表示他们三人之间的关系。图示如下:

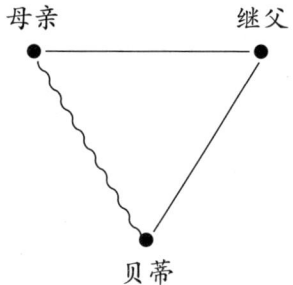

当我们指出她所画的三角关系是不平衡的,并且建议她更深一层观察其中的关系时,贝蒂突然变得非常具有防卫性——尤其涉及她和继父的关系时。"事实就是如此。"她坚持说。接着,其他小组成员开始问她一些较深入的问题。比如,当她母亲离婚时,她的感受如何?当她继父第一次出现时,她真正的感觉是什么?

贝蒂的回答越来越激动,显示出问题绝非表面所见的那么单纯。接下来,一幅贝蒂继父的画像浮现出来了:一位和蔼却疏远的男人,供应家里物质的需要,但似乎与他的继女疏而不亲。我们接着问贝蒂，她是不是将继父理想化了？我们向她解释说，那是十分合理的：在她与母亲日益疏离，加上父母离婚后她与亲生父亲分离的痛苦，此时将她与继父的关系理想化是一个自我保护的方法，以免落入情感孤儿的恐惧中。

当我们继续说下去时，贝蒂突然啜泣起来。"但是，他是个好人。"她抽噎地说，"一个好人，只是过去他……"

"过去他怎么样，贝蒂？"我们柔声地问。

就在那时，痛苦的记忆开始浮出水面。贝蒂的继父曾经占她便宜。虽然只是一小段时日，但是性骚扰的事实却不能抹杀。那段记忆太痛苦了，以致她多年来小心翼翼地将它埋藏，转而安慰自己说，继父是个"好人"，十分爱她。的确，她的继父在许多方面表现得很好，也真的十分爱她。但是，他也确实对她性骚扰，带给她极大的伤害。这个事实对幼小的心灵来说，太难以承受了。

无论如何，贝蒂了解到，承认过去的事实，并不表示不忠于家庭；而面对事实也没有击垮她。其实，公开这件事反而使她可以更直接地处理自己的过去。并且，最后证明这是关键所在，使她得以克服长久以来一直困扰她的沮丧。

帕特与艾美

我们探讨一下"三角关系图"的应用情形。在第四章，我们为帕特与艾美这对夫妇制作了一幅世系图。在研究他们的家庭模式和个人成长的背景后,有三组关系清楚地呈现出来。

在帕特成长的家庭中,他的父亲酗酒,与妻儿的关系十分生疏。反之,帕特却与母亲享有亲密的关系。若以图解来表示这三重关系,就得出一个典型平衡的三角关系图:

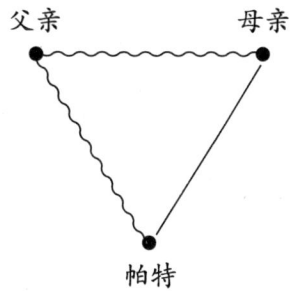

艾美的家庭亦复如此。她的父亲支配欲很强,在情感上与妻子和孩子保持距离。艾美的母亲本性冷淡,但却特别照顾艾美。同样,三者的关系形成一个平衡的三角形:

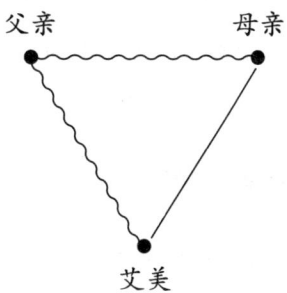

在这两个案例中,我们看见相同的画面:孩子与母亲联合,而父亲却对家庭不甚关心。帕特和艾美都是在同样的模式下长大的。他们是否注意到,在他们共组的家庭里,也发展出相同的模式？他们并没有刻意去复制小时候所经历的模式，但是，他们整个人生的经历却不自觉地往这个方向发展。在意识上，他们没有"反对"这个模式（在他们认知到这个模式的存在之前，很难期望他们有任何反应），反而"自然而然"地重蹈覆辙。事情的发展果然不出所料。

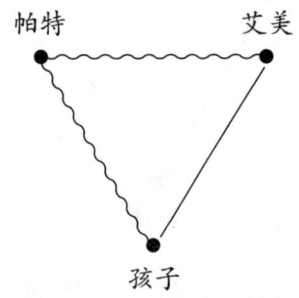

当然，我们可以进一步分析帕特与艾美家庭的三角关系。他们共有三个孩子，我们可以在这五个家庭成员当中分别画出不同的三角关系（共可算出十组三角关系）。但上述这样快速一览，已可证明三角关系图在呈现家庭模式上何等有用了。

亚伯拉罕、以撒和雅各布

我们也可以使用三角关系图来了解亚伯拉罕后裔的家庭模式。在第四章，我们为亚伯拉罕及其后裔绘制了世系图。接下来制作的三角关系，能帮助我们更深入地了解发生在几个关键角色之间的事件。

起初，以实玛利诞生时，亚伯拉罕的家中似乎一切平安无事。我们可以用直线来绘出一个平衡的三角关系：

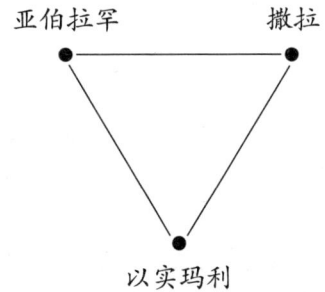

但是，以撒诞生后情势就变得复杂起来。如我们所知，撒拉排斥以实玛利，唯独钟爱以撒，这使得亚伯拉罕进退维谷。若是他维护以实玛利，就势必要驱逐撒拉和以撒。下图就是可能发生的结果。请留意，我们将两个三角形重叠在了一起，以便显示出四个人之间的关系。也请留意其中的三角关系都是平衡的。

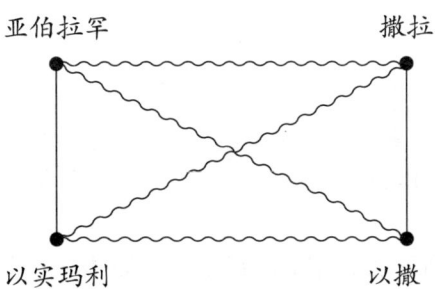

亚伯拉罕也可以有另一个选择。他可以与撒拉联合，排斥以实玛利。这正是他所选择的。同样，这幅图中的三角关系都是平衡的：

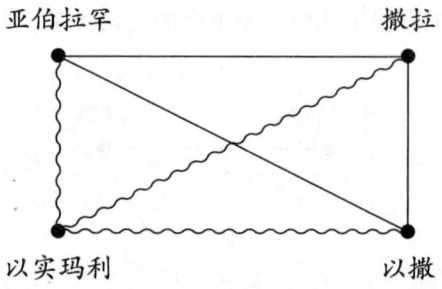

现在,我们来看看以撒的家庭。最初,以撒与利百加有一段美丽浪漫的关系,然而,当孩子出生后,情况就不那么单纯了。就我们所知,以撒偏爱粗犷的长子以扫,而利百加却独钟雅各布。根据平衡的原则,我们现在必须在以撒和利百加之间画上曲线。的确,当雅各布以巧计夺取以扫的长子名分后,他们之间的关系正是如此。我们可以看出他们之间的距离和心结。

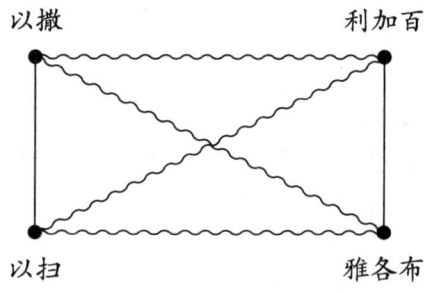

接下来,看看雅各布的家族。雅各布当初想要娶的是拉结,但是因着母舅从中作梗,他不得不先娶利亚为妻。根据推断,他与利亚的关系多少有些不自然的成分,而利亚和拉结之间的关系也不甚融洽。

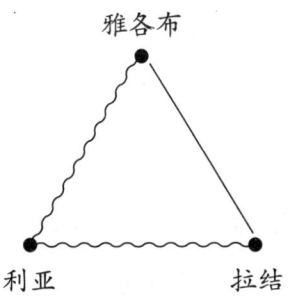

既然雅各布在妻子当中有偏爱的对象,他在妻子所生的孩子里也就有特别宠爱的一个。事实的确如此,雅各布宠爱拉结所生的儿子约瑟,而对于利亚及其使女所生的孩子以及拉结的使女所生的两个孩子,表现得十分冷淡。以下便以三角关系图来显示这个复杂的情况:

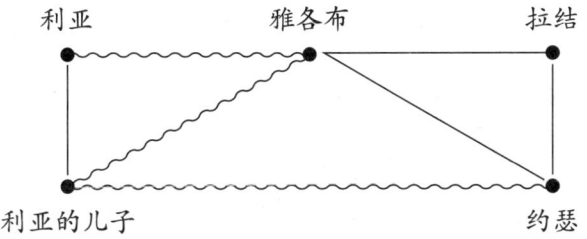

这个案例由三个相关的三角形组成,代表五方之间的关系。注意,所有的三角关系都是平衡的,而一对一之间双向的关系也不因不同的组合而有所改变。

从三角关系图的绘制之中,我们已足以了解这个家族运作的一些模式。由这个例子,我们看见父母偏心的模式代代相传。每个世代解决冲突的方法不尽相同,但影响力却一直持续到下一代。

绘制你自己的三角关系图

显然,你可以看出,绘制一个家庭的三角关系图是相当复杂的过程。人数是一个关键因素,牵涉的人越多,要画的三角关系图也越多。我们曾辅导过一个有 15 个孩子的家庭。假使我们要研究这个家庭中的每一个三角关系,就必须绘制 455 个三角形!由此可知,何以每增加一个孩子,家庭生活就变得更加复杂。

绘制三角关系图也需要技巧。因为关系模式常常是错综复杂、一眼无法看穿的,所以,若没有一位有经验的辅导员相助,在绘制你自己家庭的三角关系图时恐怕难以面面俱到。

尽管如此,你仍然可由你尽力所绘制的图中获益。首先,回到第四章你所制作的世系图中。准备一大张白纸,将你有把握的三角关系图先画出来。不仅画你自己的家庭,也画出前几代你所了解的家庭。接下来,观察一下你是否可以根据这些已绘出的三角关系图,再添加一些其他有关的三角形。

这些三角关系图告诉你什么呢?有没有帮助你了解过去家中潜在的冲突因素?能不能使你观察到代代相传的模式?最重要的,也是我们的目的所在:这些关系图有没有帮助你看出家庭模式对你造成的影响?这些图有没有透露出一些不协调的关系,或一些曾经伤害你的人?

若是如此,你对带给你伤害的人可能满怀怒气或苦恼,这是可理解的反应。但我们的目的并不是要查出祸首、列明罪状;而是想更清楚地了解造成伤害的根源,以便作出建设性的回应。

下一步该如何？

到目前为止，我们全部精力都花在了解家庭的运作上了，重要的是我们今日如何面对，尤其集中在家庭何以"功能失调"的问题上。我们观察到，家庭体系对于塑造我们这个人扮演了何等重要的角色。我们研究过"正常"和"健康"的家庭所包含的要素，也反省一般家庭变得"失调"的原因，我们还查看你在自己家中可能出现的角色、规则、神话与秘密。

若你制作了家庭世系图，也尽力画出三角关系图，那么你对于自己家庭的优缺点应有一个较为清晰的概念。你可能也由此找出对你造成负面影响的一些模式，这些模式也许直到今天都还在影响着你。

在大多数案例中，当我们依上述的方法探究家庭时，会发现一些在我们过去生活中像是"恶人"的角色，他们的软弱、缺点、应尽责而未尽责以及不该犯却犯下的错误——所有这些累积成我们今日生活的障碍。这个"恶人"可能是父亲、母亲、其他成人，也可能是某个兄弟姐妹。

然而，重要的不只是发现问题所在，或找出"恶人"是谁。重要的是，了解这些信息后我们如何处理。不论在童年时遭遇什么事，我们如今已是成人了，必须要为自己的态度和行为负责。不论过去他人如何对待我们，重要的是我们今日如何面对。

单单指出"恶人"是谁，把罪责归咎于他是不够的。我们还必须了解过去曾遭遇什么事，以使我们可以像个成人般为自己的生命负责，并且从以往的伤害中解脱出来。我们不能改变过去的事实，然而，我们可以作出正确的回应，使自己从过去的负面影响中走出来。

我们该如何回应，才能经验到宽恕的自由？那些伤害我们的人又如何呢？他们同样能从痛苦中解脱出来吗？在第二部里，我们将发现，假使我们与那些施加伤害的人都能学到宽恕的功课，就能从过去的阴影中解脱出来。

章后实践指导

一、在你的人际关系里,你和哪些人的互动只是出于习惯,而非自发性的?

二、用本章所介绍的"三角关系"角度,绘图说明这些人际关系。

三、研究你所绘制的三角关系图,指出这些关系模式所导致的伤害或愤怒。在你的三角关系中,你对谁怀有这类伤害或愤怒的感觉?把这些人列出来,并说明为什么。

四、根据上面所提的各个实例,详细列出你因为不愿原谅,而妨碍你今日生活的种种情况。

五、如果你愿意原谅上面所提及的每一个人,你会体验到怎样的自由?

六、第 120 页指出,新加入的成员进入你的家庭关系后,会解开隐藏在关系中的运作模式。第三者(指你原生家庭体系以外的人)进入你的人际关系后,能如何改变你的否认系统?这个第三者使你用什么新的观点来看待你的家人？家庭体系在试图回到以往的人际关系时，产生了什么反应？你是屈服于家庭体系的压力，再次回到否认的状态，还是在家庭体系中形成新的人际关系？为什么？

第二部
宽恕的自由

第六章 释放他人,释放自己

有人说,宽恕是"单方面"的事。这意味着我们自己这方施行宽恕,无关对方的反应。

在第三章我们曾提过马媞的例子。当她初次来诊所时,无意中将她母亲也牵涉在内。当时,她惶惑不安,无法掌握自己的生活,但她并不认为问题的根源与她的家庭直接有关。然而,当我们一路谈下去时(尤其是在制作世系图并分析她家庭的三角关系图之后),她自身的问题和家庭的关联性越来越清晰,特别与她的母亲大有关系。马媞已40多岁了,但是面对母亲时,却还像个小女孩一样。

> 强迫性行为的根源之一是埋藏在心底的痛苦。假装痛苦并不存在,或者自认它不会再烦扰你,并不能解决问题。斯多亚式(Stoicism)的坚忍主义不是答案。正视你的过去并原谅伤害你的人,是唯一的解决之道……
>
> 当埋藏的记忆浮现时,需要认真地处理。尤其重要的是,要宽恕伤害你的父母,以及那些未曾保护你免于受害的人。
>
> ——《超越生存线》[1]

---

1. Nancy Curtis, *Beyond Survival*, Lake Mary, FL: Strang Communications, 1990, 59–60.

我们探讨得越深入，马媞就越清楚母亲对她造成的伤害；过去她所隐藏的愤怒，也越加地浮现出来。有一天，她质问我："这样的诊断对我有什么意义？要得出什么结果？"

在回答之前，我静静地端详她，然后，我问道："你真的想知道吗？"

"是的！"她急促地说，"是的，我真的想知道。"

"好吧，马媞，"我说，"到最后，若是一切都进行得顺利，你会宽恕你的母亲对你造成的一切伤害。"

"宽恕她？"马媞喊着说，"宽恕她？我绝不会宽恕她！绝不！"

这么轻易就算了？

马媞的反应并不特别。宽恕二字常令许多人望之却步，原因不难明了。在辅导过程的早期阶段，常是依循着本书第一部的步骤，深入地探讨家庭运作模式所带给我们的负面影响。当他人加诸我们的伤害越来越清晰时，通常浮现脑中的第一件事不是宽恕。"你这是什么意思？"他们大喊着说，"那些人这样对待我，带给我这么多的痛苦与困惑，你竟然期望我宽恕他们，难道这么轻易就算了？"

我们的回答经常是："我们了解你的反应。我们理解，在愤怒和受伤的情绪中，你最不想做的就是宽恕。事实上，我们并不期望你'这么轻易'就宽恕他们。宽恕他人绝不是一件容易的事，它需要时间和努力。但我们想，到最后你会发现，若是你想要真正解脱，就必须要宽恕。"

和马媞一样，伤害你的人可能是你一生中极为重要的人。在做过本书第一部的练习之后，你可能对你受伤害的情形有更清楚的认识。你的情绪有如波涛起伏，各种各样的感受涌上心头，然而其中独缺怜悯与宽恕。纵然如此，我们仍鼓励你迈向宽恕这个高难度的里程，因为根据长久以来的经验，这是从过去的阴影中获得自由的唯一道路。

> 宽恕打破恶性循环。它并没有解决有关责任、正义和公平的问题；相反，它回避这些问题。然而，它却使关系有重新复合的机会。索忍尼辛说，宽恕使我们迥异于其他的动物。使我们不同的不是思考的能力，而是忏悔与宽恕的能力。唯独人类能做出这个最不自然的举动。借此举动，他们能发展出超越无情自然律的关系。
>
> ——《非自然之举》[1]

为何要宽恕？

我们必须学习宽恕曾经伤害我们的人——这是本书的主旨。宽恕之所以重要，有个很主要的原因，随后我们会有更详尽的讨论。现在，先让我们认识一下这个原因是什么：

宽恕是为了自己的好处。当我们告诉求诊的人说，在"宽恕"这件事上，要学习"自私"一点。他们听完后，通常很吃

---
1. Philip Yancey, "An Unnatural Act", *Christianity Today*, April 8, 1991, 37.

惊，以不可置信的眼光盯着我们。"你说的是什么意思？"他们问道，"你希望我们自私？但自私是不好的，不是吗？"

的确，自私不好。但我们并不是从字面上来解释，主张我们要过一个完全"以自我为中心"的生活。适当地关心自己是必要的，而宽恕正是关心自己的表现。

举例来说，搭飞机时，空姐会向你解释，当机舱压力不足时，该如何使用在你面前垂下的氧气罩。她会告诉你，你要先戴上自己的氧气罩，然后再去帮助他人。同样，在我们向其他人表示关心之前，我们也需要先关心自己。"自私"说："我优先！谁管你？""适当地关心自己"却说："我必须先照顾自己，这样我才能关心你。"

> 想一想，你所引发的愤怒对谁造成的伤害最大？是你自己，因你深陷在苦恼怨恨与纷乱的思绪中，不能自拔。宽恕使你从愤怒的情绪中全然释放出来，得以与父母重新建立关系。接下来，进一步正面积极地与其他人建立关系。
>
> ——《太沉重的母爱》[1]

取消罪债

宽恕人究竟是什么意思？是忽视他人造成的伤害吗？是假装

---

1. Anne Grizzle, *Mothers Who Love Too Much*, New York, NY: Ivy Books, 1988, 207-208.

没有这回事将之"遗忘"？还是隐瞒事实，却让内在的怒火熊熊燃烧？

以上皆非。宽恕比以上所说的简单，却也更复杂。就我所知，银行的运作最能解释宽恕的意义。假设你向银行贷款，你很想尽快还清，但是，有些未曾预料的事发生，比如说，经济困难、健康危机，或者其他的意外，使你无法按期还款。

你想，遇到这种情况，银行家会采取什么措施呢？他可能会坚持要你还清款项。"我才不管你遇到什么问题，反正你要把债还清。"他会照常每月按时给你寄账单，直到你还清为止。

若是他有怜悯之心，他也可能将你的债务一笔勾销。"我取消你的债务，"他会如此说，"你再也不欠我什么了。从现在开始，我们互不相欠。"就银行的术语来说，这叫"债务免除"。对于伤害我们的人，我们所要做的正是这件事。

当他人虐待我们、伤害我们时，我们的感觉就好像他们夺走了属于我们的东西——平安、喜乐、愉悦、尊严，所以，他们如今"亏欠"我们。我们就像一个小气的银行家，紧抓借据，追讨那些无法偿还我们的人。"我不管你遇到什么问题，"我们说，"你曾伤害我，你就必须赔偿。"而当我们宽恕他们时，就像是解除他们的"债务"一般。我们不需要假装"债务"不曾存在，我们需要做的只是宽恕而已："你从此不再欠我了。"

此外，宽恕涉及两方面。第一，它牵涉另一个人，这再明显不过，无须再说明。第二，宽恕与我们自己有关。当我们释放他人时，也就将自己从他人加诸我们的痛苦回忆中解脱出来。这是似非而是,又全然真实的事实。当我们对他人心怀苦恼和怨恨,这种情绪将反过来啃噬我们。

> 宽恕关乎松手。记得童年时玩的拔河游戏吗?只要双方使劲拉绳,"战争"就会持续下去。但若有一方松手,战争就会结束。当你宽恕你的父亲时,就好像松开绳索,无论他在他那端如何使劲拉绳,战争对你而言都已结束。
>
> ——《女儿背后的爸爸》[1]

有人说,宽恕是"单方面"的事。这意味着我们自己这方施行宽恕,无关对方的反应。许多时候,我们会说:"假使他先……,我就宽恕他!"或说:"直到他……之前,我绝不会宽恕他。"但在宽恕里,没有所谓"假使"或"直到"。这是我们自己单方面的事,不管我们要宽恕的对象是否了解或关切我们所做的。

这点十分重要,因为它使我们有宽恕的自由。即使没有对方的合作,我们依然能体会到宽恕带来的彻底解脱!

宽恕的过程

宽恕始于个人的决定。它是一个意志的行动,即使当时我们并没有宽恕的意愿,但我们依然选择如此做,因为我们明白这是健康、正确之举。我选择宽恕之途,决定豁免你所"欠"我

---

1. 赖诺曼《女儿背后的爸爸》,原著第235-236页。

的"债"。

因此，宽恕是一个过程，将我们从受伤的情感中逐步释放出来。当他人深深地伤害我们，说"我宽恕你"只是开始的第一步。我们可以认真，甚至出于真心地说。但是，对方的错误所造成的痛苦、憎恨与困惑仍然存在。有时，在下决心取消"债务"之前，我们必须先处理自己的情绪。我们常发现，即使在我们做出了宽恕的决定之后，又会气愤难平，想要重新追讨"债务"。

举一个简单的例子来说明。假设你来我家拜访，无意间打破了一个花瓶，那是我们家的传家之宝。你向我道歉，也请我原谅。如今我该怎么办呢？首先，虽然我对失去心爱的花瓶感到惋惜不已，也对你的粗心感到生气，但是，我知道宽恕你是我应当要做的，所以我照做了。

这时，一方面来说，"债务"已被取消，我已经原谅你了，事情就到此为止。然而，另一方面来说，我仍有需要调试之处。我可能会看着空空的架子，对失去传家之宝感到怅然若失。我可能发现自己对你打破花瓶这件事仍然耿耿于怀。最终，我意识到，虽然我已经宽恕你了，但自己仍然在"追索"你打破花瓶的"债务"。

现在，我该如何做呢？首先，我要回到我起初的决定——我已经豁免你欠我的"债"，我已经宽恕你了，现在我必须调整自己翻腾的情绪。的确，我遭遇了损失。我也接受我真实的情绪——我因你的粗心大意而受到伤害，对于失去心爱之物感到生气，因花瓶一去不返而感到难过。在我的怒气消散、从心底原谅你之前，我必须"调整并安抚"我的情绪好多次。

> 请记得，不论你如何义愤填膺，你都必须宽恕！宽恕始于意志的行动。宽恕是一个选择。在情感的复原上也许需要一段时间；我们无法立时安抚情绪。就如同重新设定计算机程序需要时间一般，重新调整我们的情绪也需要花上一段时间。尽管如此，我们可以借着意志的行动立即宽恕对方。
>
> ——《快乐是一种选择》[1]

以上就是所谓宽恕的过程。借此过程，我不但释放你，也解脱我自己。到最后，所有的苦恼、怨恨、伤害都烟消云散。虽然我仍记得事情的发生经过（我仍记得是你粗心大意打破了花瓶），我也晓得事情无可弥补的后果（打破的花瓶无法再复原），然而，我们之间曾发生的事不再是"紧要"之事，既不会影响我们的关系，也不致影响我的生活。至此，我已经完成了宽恕的过程（有关"宽恕与忘却"，在之后的篇幅还会详加讨论）。

宽恕的六个步骤

我们看看宽恕的过程是如何运作的。宽恕共有六个步骤，在此我们先简略地介绍。在往后几章，我们会更仔细地探讨其中所出现的一些问题。

---

1. Frank B. Minirth, M.D. and Paul D. Meier, M.D., *Happiness Is a Choice*, Grand Rapids, MI: Baker Book House, 1978, 156.

一、认清伤害

"好吧,"吉儿叹一口气说,"我准备好了。我终于可以承认我对父母所做的事感到非常生气。我不想再费尽精力为他们找借口或否认事情的发生。我的父亲骚扰我,对他我有一股说不出的愤怒。同样,我也对母亲感到无比气愤,因为她竟容许这样的事持续这么多年。这就是事情的经过以及我的感觉。"

在诊疗过程中,吉儿加入了一个支持小组,其中的成员都曾在童年时期遭受性骚扰。在长达一年多的时间里,吉儿逐渐走出了过去的阴影。

当我们感受到痛苦和受伤时,就是宽恕过程的开始。我们需要扪心自问:发生了什么事?谁做了这件事?带给我的影响是什么?在功能失调家庭长大的成人小孩常需要费力地去掌握事情的经过。我们常常感受到痛苦与伤害,但是我们却把造成这些情绪的原因深深地埋藏在心底。我们通常要花上一段时间才能回忆起事情的经过,因为我们心中有一个部分并不想回到过去的记忆中。然而,记起事情的发生经过是十分重要的。

在第一章中我们曾提过赖瑞。他的父母在他5岁时就抛弃了他。尽管他很早就知道他的父母严重酗酒,并且在许多方面虐待他,他却把一切过失都归在自己身上,使自己无论在情绪上,还是其他方面都濒临崩溃边缘。

有一天,他与诊疗小组在诊所中听演讲,演讲内容是澄清"由我们所造成的过失"和"对我们造成的过失"之间的不同。赖瑞突然从椅子上跳起来。平生第一次,他意识到他才是受害者,他被虐待了。明白这个事实后,他的许多回忆被触发了,他能够记起童年时的遭遇,并从正确的角度去了解。最后,他终于认清童年时期他曾受到的伤害。

赖瑞随后说道:"我突然明白了,我花了一生的工夫,不停地将所有受伤、愤怒的情绪都怪罪在自己身上。我甚至为一些不是我犯过的错忏悔。"回忆过去对赖瑞而言是关键的一步,使他能认真面对以往的经历。

这就是宽恕过程的开始。你可以拿一张纸,将"他人对我造成的过失"列出来。请务必正确且客观。这样做的目的不是要你沉浸在自怜的情绪中,而是为下一个宽恕的步骤立下了解的根基。花时间尽量列清楚。复习一下你的世系图,这可以帮助你分辨"他人对你造成的过失"是否是家族特征。

二、认清情绪

意识到生命中曾遭遇的伤害后,也要认清随之而来的情绪。对大多数人而言,主要有三种情绪:

害怕:随着伤害而来的情绪不只包括现有的感受,也夹杂着事发当时的感觉。童年时期的情绪主要是害怕(大部分的伤害都发生在童年时期),原因不难明白。在幼年时,伤害我们的人通常是成人,而且是我们尊敬、仰慕的人。因此,我们很自然地会惧怕他们,并把这份恐惧带入今日的经验中。

罪恶感与羞耻感:在功能失调家庭长大的成人小孩常常充满

了罪恶感。大部分的罪恶感都是无意义的。我们把遭遇的问题都归罪在自己身上,甚至背负未曾犯过的罪名,就像赖瑞一般。认清事情发生的真相,可以帮助我们清除这种错误的罪恶感。

同样,厘清真相也可以帮助我们处理羞耻的情绪。罪恶感与羞耻感是不同的。简单来说,罪恶感与我们做过什么有关,而羞耻感则与我们是谁有关。我们犯错之后,感到悔恨不已,这就是罪恶感。而当我们因自己犯的错而下结论说我们是个坏透的人,这就是羞耻感。

我们要格外小心,不要因为不当的行为而自我否定。假使我生气发怒,不要因此就下结论说:"我就是一个喜欢乱发脾气、破口大骂的人。"这样做一点帮助都没有。

羞耻感也使我们习惯于隐藏自己,以免他人发现"我们的真面目"。羞耻感让我们深信自己天生就有一些缺陷。

羞耻感与罪恶感几乎是连带出现的,对功能失调家庭长大的成人小孩而言,更是如此。认识这两种情绪,并且分别适当地处理是十分重要的事。

生气:当我们明白所受的伤害,也认清随之而来的害怕、罪恶感与羞耻感等情绪后,不消多久,生气的情绪就会爆发出来。许多人对自己生气的程度大感意外——用盛怒这个词语都不足以表达——这些愤怒的情绪一直长久地积压在他们心底。

生气不见得是件坏事,因为也有所谓的合理的愤怒——因遭受伤害而感到愤怒,是完全正当的反应。在辅导过程中,我们发现，让求诊者认清自己愤怒的情绪是一件相当重要的事。这会打开他们的眼界，使他们看清楚真相，也使他们较容易继续走好宽恕的路。

三、表达出你受伤与愤怒的情绪

我们特别将这个步骤独立出来，因为这一步骤至关重要。单单认清情绪还不足够，我们需要表达出来，尤其是愤怒的情绪。

若是你中了毒，光是知道这个事实，甚至知道中了哪一种毒都还不够，重要的是你要将这些毒素排出来！这正是"表达"一词的含义。它意味着"将一些东西推挤出来"，就像挤柠檬汁一般。把具有破坏性的情绪"表达"出来十分重要，因为把这些情绪"逐出我们的系统"之外，我们才不会再遭受毒害。

有几种具体的方法可以表达情绪。其中一种是与一个可信任的朋友"讲出你的情绪"，但必须慎选一个愿意聆听却不会追根究底的朋友。

另一种方式是用纸写出来。拿一张纸，以"今天我感觉……"作为起头，接着把你的感受尽可能详尽地表达出来。在写的过程中，不要更正或重写。因为这样做的目的不是创作，而是要把你的情绪发泄出来。在完成之后，可以与一位朋友分享你写的内容。有些人发现，"写在纸上"后，他们比较容易与他人谈论这类敏感的话题。

另一个变通的方法是，写信给曾伤害你的人，将事情的经过和你的感受陈述出来。我认识一个人，写信给他去世的父亲。他将他感受到的失望和伤害倾泻而出。在写的过程中，他才逐渐明白，原来父亲在他最需要父爱时离弃他，令他感到愤怒与失望。写这封信帮助他整理思绪，也认清自己的感受。

有些人写了一系列这类的信，针对每一位过去伤害他的人。最重要的是，你绝对不可以真的将这些信寄给收信人，这不是写这些信的本意。从"报复"当中，我们得不到什么。写这些信的主要目的是帮助我们厘清自己的感受和情绪。有时，我们确实感觉有需要写信给当事人；但在此之前，要先将信的内容重新修订，并且放在抽屉中一段时间，直到我们清楚寄这封信的目的之后，才将它寄出。

假如你不喜欢写信，你可以对着一张空椅子说话，想象对方就坐在那张椅子上，告诉他你的记忆与感受。有些人也会交换位置，想象（或实际）坐到对方的位置上，试图了解对方可能有的反应与举动，这也十分有帮助。

向一张空椅子说话，就好比"自言自语"一般，似乎有点荒谬。但事实上，对自己说话是表达感受相当重要的层面。其实，我们每个人都经常"自言自语"，不断地在脑海中进行独白。将独白显示出来，可以帮助我们了解自己的内在到底是怎么一回事。

当我们很长一段时间重复听一件事，久而久之，就会信以为真。若是我们经常对自己说负面的话，比如说"我真是太笨了"。这个重复的句子就会对我们造成不利的影响。反之，健康的自我对话可以帮助我们改进与成长。健康自我对话的原则十分简单：

说出正面积极的语句,使用现在时态,强调你正努力发展的价值观、态度和自我形象。不要说些遥不可及的理想,只需肯定既有的事实。譬如说:"我正努力宽恕我的父母,从过去的伤害中走出来。"

四、设定保护自己的界限

界限有一定的范围。它们就好像家里的围墙,界定我们资产的起止之处,并与其他人的资产区分开来。在功能失调的家庭中,属于个人隐私的界限常遭破坏,身体或性方面的虐待便是明显的犯界。父母侵犯个人界限的其他例子包括:我们洗澡时,父母随意走进浴室;十几岁的女儿更衣时,父亲突然走入;父母未经孩子允许便打开他们的抽屉,甚至偷看孩子的日记。

有些父母认为这是他们的"权利"。但事实上,以上的每一个举动都严重侵犯了个人的隐私,这使孩子成年后很难在人际关系上设定恰当的界限。甚至自以为我们有"权利"自定界限。

前面,在探讨各类型的功能失调家庭时,我们曾学习依附尺度的使用。有些"关系疏离"的家庭,这意味着家庭成员就像孤岛般各自生活,彼此很少联系。另一类"牵绊过深"的家庭,其中的成员彼此的生活纠缠在一起,甚至分不出你我。在迈向宽恕的过程中,我们通常需要建立新的界限,以调整自己"空间"。

这些界限常和我们联系他人或者容许他人干涉我们的程度有关。举例来说,我们可能做一个决定:"从今天起,不管穿什么衣服、梳什么发型，或者如何打理家务，我都会婉拒母亲的建议。"或者"在抚养孩子的问题上，我会听听父亲的建议，但不会让自己觉得非听他的不可。"

在许多案例中，设定界限表示我们需要有一段时间（或者永远）与其他家人分开住。22岁的潘妮来诊所之前，已经进出精神病院好几次了。每一次她住进医院，都有明显的好转。但是，出院后不到几个月，情况就又恶化了。

我们从分析她家庭的世系图和三角关系图中发现，潘妮在家中扮演替罪羊的角色。当她离开家，整个人就恢复正常；一旦回到家里，就陷入过去的老问题中。

因此，潘妮决定离家独立一段日子。她自己租了一间公寓。当她出院时，不是回到家中，而是直接住进公寓。她向家人解释原因，也答应每个礼拜写一张明信片向他们交代近况。她的家人十分不满这样的安排，想要从中拦阻，但是潘妮坚持这样做。

三个月之后，潘妮觉得自己有能力重新与家人联系了。她开始定期打电话回家，并小心地限制家人打来电话的频率与谈话的时间。她也谨慎筛选与父母谈论的话题。有一次，潘妮想坚守她所设立的界限，便告诉父亲她不想谈论某个话题。她的父亲愤而挂掉她的电话。

潘妮感到很痛苦。究竟她这样做对不对呢？她心中挣扎不已，不晓得该不该打电话回家，向父亲道歉。反复思考后，她确定她所做的是正确的。第二天，她父亲竟主动打电话来，潘妮好兴奋。"这是头一次,"她说,"他待我像一个真正的人。看来他似乎开始接纳我是一个成年人了,并且,容许我有自己的隐私。"

很多人发现有的界限只是暂时性的,在特别困难的时刻,这些界限给我们一点额外的空间。但是,也有些界限在设立之后就会持续下去,为我们的家庭体系带来长久有益的改变。

五、取消"债务"

接着是宽恕——取消"债务"的时候了。当我们认清伤害,并处理完情绪后,我们可能会有一种他人亏欠我们的感觉。这是一个有益的经验,帮助我们厘清,在何处我们仍紧握着情感的"借据"不放,以及在何处我们需要宽恕。

通常,这种经验可以帮助我们采取具体、实际的宽恕行动。举例而言,有些人拿出写给家人的信,在信纸上写着"取消"两个大字。也有人把过去受伤经验的清单烧掉,甚至埋葬,以表明他人加诸自己的一切过错都已成为过去。

同样,在做这些举动时,我们可能会有些尴尬,但根据经验,这是十分有帮助的。这些行动在我们的脑海中留下深刻的印象,使我们记得在一个特定的日子,我们实实在在地取消了"债务"。我们不需要再受一些无谓思想的控告,比如"也许我并没有真正宽恕他们"或"可能我宽恕得不够彻底"等等。我们知道自己已经宽恕了,而且这个宽恕行动是真实的。此外,向知心的朋友谈论你宽恕的举动也大有裨益。

六、考虑复合的可能性

在前面我们提过宽恕是单向的行动；即使没有对方的合作，甚至对方不知道有这回事，我们仍然能完成。复合却不然。若是两个失和的人想要言归于好，必定要双方一起面对。我想与你和好，但若你拒绝，我就只能等待，期望有一天你能回心转意。

之后我们会再仔细地谈论复合这个话题。现在，我们只需记得，若是真能达到复合，那将是宽恕所产生的最理想的结果，但却不是必然的结果。

请注意，宽恕的过程中有六个有效的步骤：

一、认清伤害。

二、认清情绪。

三、表达出你受伤与愤怒的情绪。

四、设定保护自己的界限。

五、取消"债务"。

六、考虑复合的可能性。

在后面的我的宽恕清单可以帮助你逐项完成宽恕的过程。

宽恕是一个过程，引领我们赦免所有曾经伤害我们的人（包括我们自己在内）。它也引导我们，向我们所得罪的人寻求宽恕。若是出于真心的宽恕，我们将乐见它向着两方面移动：从对方朝向我们，从我们朝向对方。宽恕是从过去的阴影中得到自由的关键。

章后实践指导

一、本章坚决主张"宽恕是脱离过去的不良影响、获得真正自由的唯一方法"。在宽恕之前,你必须先认清且承认你曾因被错误地对待而受到多少伤害。在功能失调的家庭里,人们往往会假装自己没有受到伤害。

你觉得是什么压力阻碍你认清在家里所受到的伤害?

二、参考你的家族世系图和三角关系图,使其协助你汇总出你所受到的错误对待。这个步骤需要花点时间。

1. 请列出最先浮现在你脑海里的三件事,并在日记里记下其他浮现的回忆。

2. 在这最先浮现的三件事中,谁是伤害你的人?而谁没有保护你免于受伤害?

3. 不肯宽恕的特征就是,觉得"他们夺走了属于我们的东西——平安、快乐、愉悦、尊严,所以,他们如今'亏欠'我们"。本章用"欠债"来模拟你对伤害你的人的情绪。为以上你所提及的人,分别准备一张纸。在每张"借据"上，写下他们的"债务"、他们做了什么、如何剥夺你，并写下你的感受。保留这些"借据"，直到你进一步与他们做个了结为止。

许多人拒绝宽恕的原因是，他们以为宽恕表示必须忘记发生过的事，仿佛一切都很好，从没受过伤害。真正的宽恕应该包括承认错误的存在，以及免除"债务"。

4. 宽恕始于个人的决定。你愿意宽恕那些对你"积欠债款"的人吗？若是愿意，请在下面签名，许下承诺：我选择宽恕。今日，我承诺自己，将开始去宽恕。

   签名：_____　　日期：_____

请记住，你也需要宣泄出你受到伤害的种种感受。在宽恕的过程中，你的感觉可能会随时间而变化。每当你怀疑你的承诺时，请看看你在这里的签名，再次肯定你愿意宽恕的承诺。

5. 看着每一张你所写下且承诺要宽恕的情感"借据"。在每一张"借据"上，清楚写下当你回想所发生的事，以及这事如何伤害你时所产生的情绪波动。在你的日记里完成以下句子，以帮助你清楚界定你对每一张"借据"的情绪：

- 我很害怕看到这张"借据"，因为……

- 我对……感到愧疚。
- 我对……感到羞愧。
- 我对……感到生气。
- 我感到难过,因为……

6. "把具有破坏性的情绪'表达'出来,这十分重要,因为把这些情绪'逐出我们的系统'之外,我们才不会再遭受它们的毒害。"考虑每一张你所列出的"情感借据",勾选你决定表达的方式。花点时间,针对每一张"借据"进行你的情绪表达。

☐ 把情绪说出来

☐ 把情绪写下来

☐ 对着空椅子说出来

☐ 其他

三、成长的过程中,你在家庭里的界限受到了怎样的侵犯?

四、你需要设立什么新的界限,以保护你自己?

五、该是取消"债务"的时候了。即使这些人不悔悟、不承认他们伤害了你,你也可以放手,把你认为他们该补偿的要求放下,在你完成本章所说的第一到第四的宽恕步骤后,下决定取消每一张你拥有的"借据"。在"借据"上注明"取消",并写上日期,表明你豁免那人对你的冒犯。

六、思考一下复合的可能性。针对每一个你考虑和解的对象,回答下列问题。依据你的回答,帮助你决定你们关系今后将何去何从。请记住,宽恕不意味着你们必须复合。

- 为什么你想要复合?
- 如果你与对方讨论这件事,你认为他们的反应可能是什么?
- 你对接受最坏的回应有心理准备吗?
- 你如何知道对方也开放自己,进行他们那部分的和解呢?

七、下一步你打算如何准备,以实现复合?

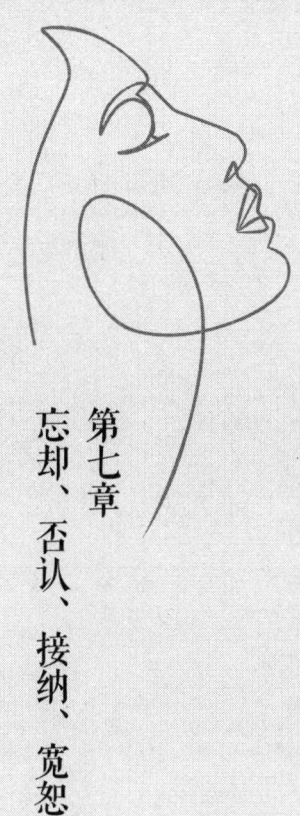

第七章 忘却、否认、接纳、宽恕

宽恕始于记住并接受过去所遭遇的事。

梅莉痛哭失声。我很少听见这么沉痛的哭声,一时之间,我有些乱了方寸,不知道她为什么哭得这么哀切。所以,我安静地等候着。

"没办法,我做不到,"她说,"我就是做不到。"

"你做不到什么?"我轻声地问。

一阵沉寂。截至目前,从我们的交谈中,我得知梅莉的父亲从她11岁起就在身体和性方面虐待她,直到她17岁逃离家庭为止。之后,梅莉嫁给一个不错的男人,名叫葛列,是个鳏夫,已有一个儿子。他们婚后育有一女,看来现有的婚姻十分美满幸福。

梅莉前来辅导的原因是,她希望从对父亲的困扰与憎恨之中释放出来。我们约谈过几次,她似乎逐渐能正视充满痛苦的童年。但是,今天连话题都还没打开,她就已经涕泗纵横了。

"梅莉,什么事你做不到?"我重复问一次。她慢慢抬起头,泪眼婆娑地望着我。"我不能忘记他对我所做的一切。"她啜泣地说,"我试过了,我真的尝试过了,但就是做不到。"她把头埋在双手里,静静地哭泣。

我等待了一会儿,然后简短地说:"但是,梅莉,你不需要忘记。"她再次抬头看我,一脸犹疑的神情。"请你再说一次。"她说。

"你不需要忘记你父亲对你所做的一切。"我再重复一次。

"但是……我如何能……我的意思是……"梅莉结巴地说。

"梅莉，"我问道，"谁告诉你要忘记曾发生过的事？"

她倒向椅背，感到十分困惑。"嗯，嗯……《圣经》这样说过，不是吗？"

"在《圣经》中，我从未读过这样的话。"我说。

"但是……一定有的。我的意思是……教会里……每个人都这样说。"

"我了解，"我说，"人人都说'宽恕与忘却'，我不知道这句格言的出处，但确定绝不是《圣经》。而且，老实说，这并不是一句忠告。我不希望你忘记发生过的事。梅莉，若是可能，我倒希望你记得。"

梅莉静静地坐着，显然不明白我在说什么。

"听着，"我说，"你烫到过手指吗？"她默默地点头。"很痛，不是吗？"她再度点头。"既然如此，梅莉，若是你忘记痛的原因，你下次会如何？"

"我想我会再次烫到手。"她说。这时有一道曙光出现在她的眼中。

"这就对了！"我说，"我们的记忆就有这个好处。它帮助我们从过去的经验中学习，以免重蹈覆辙。"

"现在，梅莉，"我说，"我们谈论了很多有关宽恕你父亲的事。我告诉过你，宽恕是何等的重要。我的确希望你宽恕你的父亲，但注意，我并没有期望你忘记你父亲所做的事。宽恕与忘却无关。你了解吗？宽恕与忘却无关。"

我了解梅莉的感受，很多时候，我自己也深有同感。我们不都如此吗？有时，为了摆脱过去的伤害所带来的痛苦，我们宁可不去回忆。假使我们能说服自己相信伤害从未发生过，我们就不会痛苦不已了。

但，这行得通吗？事实常是，不论我们是否记得过去所受的伤害，受伤的阴影始终如影随形地跟着我们。这是为什么我们说，宽恕的关键不是忘却，而是记忆。只有我们清楚记得事情发生的经过，我们才可以有效地处理。

我们可以将目前遭遇的困难与过去痛苦的经验联想在一起。今日某一个朋友对待我的方式，可能会使我想起多年前我的父母或手足对待我的方式。这些回忆可能连带地将过去其他的伤害揭露出来。前来寻求辅导的人大部分的问题都是源自过去，他们需要清楚地回忆，才能认真地处理问题。

无法回忆的女士

以卡萝为例。在卡萝的记忆里，只有被抛弃、被出卖的经验。她律己甚严，特别是在人际关系上。她有许多的保留，不轻易将自己交托他人。若有人给她什么承诺，她第一个反应就是总有一天会被辜负。

她结婚后不到半年，就深陷在丈夫将要离弃她的恐惧中。她开始怀疑丈夫有外遇，并不时地指责他。假如丈夫晚些回家，她就要求他一五一十地报告行踪。不出所料，后来她丈夫真的有了外遇，弃她而去。

五年之后，卡萝遇见蓝迪。他们彼此相恋。蓝迪注意到卡萝似乎有一些占有欲，最初他不以为意。然而，过不久，卡萝的疑心病和紧迫盯人的行为越来越明显。最后，蓝迪受够了。"我需要一些空间！"在一次争吵中，他大吼，"我不想过分分秒秒都向你报备的生活。"

卡萝意识到，由于连她自己都不明白且无法控制的态度和举动，她极为重视的一桩关系又面临破裂的边缘。这就是她前来求助的原因。

当我们与卡萝谈论家庭背景时，她一直到最后才能回想起童年时所遭遇的一些痛苦。在卡萝的原生家庭里，她的父母双双外出工作。身为长女的她必须负起照顾两个弟弟的责任。除了周末之外，她很少见到她的父母亲。过不久，她的父母离婚，父亲移居海外。

"你晓得吗？我一直努力不去回想这些事，"她说，"我一点也不愿去回忆我痛苦的童年，只想抛诸脑后。但现在，我看出过去所遭遇的事与我目前生活的关联性。对父母抛弃我这件事，我至今都耿耿于怀，你说是吗？"

回忆过去是卡萝得到医治的起步。借着回想过去的伤害，她开始认清自己负面的情绪，并且逐渐从中得到释放。今后卡萝将会记得她的父母在她幼年时如何令她失望痛苦，但是，这些伤害不会再击倒她。因为她愿意去正视这些回忆，所以也有能力去克服它们。

> 当你回想起伤害你的人，感到有一股能力去祝福他们，就是宽恕的起步了。
>
> ——《宽恕与忘却》[1]

这便是宽恕运作的情形。过去仍然跟着我们，但是却真的过去了。它不再控制我们今日的生活，它的支配能力被截断了。宽恕并不意味着忘却。宽恕将过去伤害我们的力量耗尽了。

一位心理学家说过："企图切断自己过去背景的人，没有未来。"意思是当我们刻意忽略过去，或想要忘记它，它反而更深地将我们攫住。许多从"过去"而来的问题一直得不到解决，反而干扰我们面对现今生活的态度。

试图忘记

有些朋友会善意地劝我们"试着忘记"痛苦的回忆。"就像逝水东流一般，让它一去不返吧！"他们会说，"毕竟，那些伤害你的人不值得你浪费时间和精力。"他们如此说，表示他们认为我们内在的痛苦不过是件小事而已。的确，我们的痛苦在他人看来似乎微不足道，但实际上，它的影响却非常深远。就医治的角度而言，我们需要学习如何去回忆，而非忘却。

老实说，"试图忘记"我们所遭遇的事根本不可能。试试看：在三十秒之内，不要想粉红色大象。你可以想任何其他的东西，

---

[1]. Lewis B. Smedes, *Forgive and Forget: Healing the Hurts We Don't Deserve*, New York, NY: Harper & Row, 1984, 29. 中译本：史密德，《宽恕与忘却》，黄美姝译，洪建全教育文化基金会。

就是不要想粉红色大象。

你花了三十秒对自己说:"不要想粉红色大象,不要想粉红色大象,不要想粉红色大象。"结果就是,你试着不去想粉红色大象的每一份努力,使你根本无法去思考其他任何东西!

"试图忘记"的后果正是如此。你越向自己说:"我不想记得父亲在我幼年时对我所做的事。"结果就是,这些回忆更加深植在你心中。

有两个字可以用来形容我们"试图忘记痛苦的回忆,而不愿正视解决"的情形,那两个字就是"否认"。当我们否认曾发生过的事,并非真的忘记,完全将它逐出记忆系统之外,我们只不过是将它存放在情感的冷冻库里。这就好像欺骗自己那些不好的遭遇从未发生过,但其实我们明知事实的真相。

自欺不能维持多久,它不能将我们从过去有害的影响中释放出来。虽然我们试图埋藏记忆,它却仍然存在,继续对我们造成影响,正如卡萝所发现的。

> 一个孩子,无论就发展的角度还是生理的角度,都无法明白父母的行为可能是病态的。我们不了解病态是导致他们做出这些事的原因。我们遭受忽视、遗弃,或在言语、性和身体上被虐待,但我们却懵然无知——我们不知道是因父母的不健全,才会产生这些虐待的行为。
>
> ——《错乱失序》[1]

---

1. Robert Subby, *Lost in the Shuffle*, Deerfield Beach, FL: Health Communications, Inc., 1987, 93.

"你难道不知道吗？"朱迪说，"假如我不回想，就好像什么事也没发生过。这就是我让生活能够维持这么长一段时间的原因。我只要不去回忆就行了……"

"或只要不想回忆，"爱莉丝加上一句，"有时，只因伤痛到无法回忆。"

"假如我说服自己什么事也没发生过，我就无须处理这个问题了。难道我还需要面对吗？"凯莉问道，"许多年来，我就是在使用这个方法。"

这三位女孩属于同一个诊疗小组，每一个礼拜会一次面。小组中共有八个成员，全都来自受虐家庭。其中四位曾遭受性虐待。每位成员都在严重功能失调的家庭中长大，身心受到极大的创伤。当这个小组刚开始运作时，八位中有六位无法记得10岁之前的生活。最后她们明白，原来她们是使用了一种失去意识的策略，来应付过去的生活所带来的痛苦。

> 在功能失调的系统中，我们夜以继日地遭受伤害。于是，"否认事实"成为一种生活方式，而不是在极为恶劣的情况下才采取的保护措施。生活在功能失调的体系中，就好像是慢慢遭受折磨，而不是立即被处死刑。日复一日、年复一年，我们匍匐爬进否认事实、自我保护、孤立和空虚的巢穴中。羞愧、困窘、担心他人识破我们的真相，促使我们更加深入这些巢穴，终至无法自

> 拔。这是功能失调体系的特性——封闭、压抑、自我毁灭,就像是身体中的恶性肿瘤一般。
>
> ——《成人小孩:功能失调家庭的秘密》[1]

在功能失调家庭中长大的成人小孩之中,失去童年记忆是一件相当普遍的事。这是否认的一种形式。"否认"在受虐待当下或许是一个有效的方法。尤其当我们年幼时,这可能是应付我们无法理解的局面的唯一之道。"这个方法的确有效,"如同凯莉所说,"我们活下来了,不是吗?"

"否认事实"在童年时期或许是个有效的方法,但是,等长大后,却是一个有害的陷阱。身为成年人,我们不需要再阻拦记忆;相反,我们需要有人协助我们揭开真相,直接面对曾发生的事实,并宽恕曾带给我们痛苦的人。

整合过程

婴儿刚诞生在这世界时,对生命既无惧怕,对人也不存偏见。他们首要的任务,如我们先前所见,是与一个人建立亲密关系。这个人通常是由母亲来担任,负责提供一个安全可靠的环境。婴儿的思考能力尚未发展,通常他们会将事情二分:不是好,就是坏;不是对,就是错。在他们的想法中,妈妈当然是只有好的

---

[1] John and Linda Friel, *Adult Children: The Secrets of Dysfunctional Families*, Deerfield Beach, FL: Health Communications, Inc., 1988, 102.

一面。她关爱、养育，源源不绝地提供一切需要。

但是，当他们到了爬行的阶段，开始对妈妈有惊人的发现。他们发觉这个完美的供应者竟是在饥饿时不喂他们、在尿布湿时不为他们替换的同一个人。

在此之前，他们以为不为他们做这些事的人，只是碰巧缺席。他们不清楚这个人是谁。但如今，他们开始发现，这个身份不明的人正是同一位关爱他们的妈妈。于是，在妈妈身上，他们看见一些缺点。

在此之际，幼儿面临两难的局面。他们非常需要一个完美的妈妈，来保障他们的安全；然而，这完美的好妈妈，怎么能有缺点呢？幼儿解决这个难题的办法是，把错怪到自己的身上。

假使孩子在情感上有适当的发展，他会借着整合的过程来解决这个难题。在此过程中，孩子开始整合这个看来互相冲突的状况：妈妈并不是"完美无缺的人"，她有好有坏，有对有错。

若是没有干扰或者意外发生，这种整合的过程会不断继续。渐渐地，孩子了解父母亲也是人，他们会犯错、会生气、会做出不正确的行为，而同时，仍关爱、养育我们。

在功能失调家庭长大的孩子经常遭遇的事是，这个整合的过程出了问题。他们无法发展出一种能力，就是了解父母其实兼具好坏两种素质。他们仍然保持一种不自觉的二分法，以为事情不是好，就是坏。稍后，我们便可看见这种情形导致全然地否定父母，或者不健康地将父母理想化。

三种类型的母亲

一般来说,如果发展中的孩子在整合的过程中遭受阻碍,那么他们的母亲通常是以下三种类型之一。

一、不断干预的母亲

她时刻都要干预控制,因为她认为只有她知道对每一个人最好的是什么。

艾玲和两个妹妹、一个弟弟,在长大成家后,都住在同一个市镇。他们的母亲已 70 多岁了,她希望她的每个孩子每天不是打电话问候她,就是去探望她。

有一天,艾玲的母亲告诉她,有好多天没有接到她弟弟的电话。艾玲一听,非常生气,立刻拨电话,打算把弟弟臭骂一顿。但突然间,她停下来问自己:"为什么?为什么他必须每天打电话给母亲?"就在那一刻,她才稍微理解到她母亲干预控制的欲望和她自己的反应。她的母亲用罪恶感来支配她。若是有一天她没有打电话给母亲,她就会觉得自己犯了天大的错。而此事发生之际,艾玲已经 41 岁了。

那年圣诞假期,艾玲与家人外出旅游两个礼拜。圣诞节当晚,艾玲打电话给母亲。"你看,我就知道你一定会打电话来,"她母亲说,"你的两个妹妹都邀请我过去吃圣诞晚餐,但我一家也没去。我跟他们说'艾玲还没打电话来,我只想坐在这里,等她的电话。你们送点东西过来给我吃就可以了'。"

艾玲顿时感到心情恶劣。圣诞节当天,她可怜的母亲竟然独自坐在家里，只为等她的电话。她不断向她母亲道歉，甚至替自己找理由解释为何没早点儿打电话。直到后来，她才渐渐明白，自己再度被母亲"占有"。"妈妈明明知道我们在哪里，她有我们的电话，她不需要整天坐在家里等电话，让自己痛苦。她随时都可以打电话给我。"与一位不断想要干预控制的母亲共同生活，就好像是经历一长串的罪恶感之旅一般。

二、放弃型的母亲

这类型的母亲并不是真的遗弃她们的孩子——尽管有些的确这么做了。她们大多数是情感上的遗弃。只因母亲太忙于其他的事情，如工作或朋友，而忽略了照顾孩子的责任。

法兰克在美国中西部一个小区中长大。"我父母认为，假如满足孩子一切的需要，孩子就会反过来控制整个家庭。所以他们绝不'满足'我们的需求。若是我们哭了，他们就过来看看是尿布湿了，还是生病了。假如两者都不是，他们就把我们摆在一边，不加理会。"在成长过程中，法兰克在情感上的需要一直未得满足。虽然他日后娶了一位贤妻，却不断外遇。"我感觉不得不发展这些关系，"他说，"我对爱的需求太强烈了，没有一个女人可以满足我所有的需要。"

有些人则提及他们被迫长大，因为他们在小时候就必须顾及父母的需要。对于父母酗酒的孩子来说，这样的情形极为普遍。他们本身的需要未被满足，这严重阻碍了他们的发展。

三、反复无常的母亲

有时,她充满了养育之情,温柔地抱着孩子,在他耳边轻声细语。有时,她会毫无预警就变得冷漠无情、厉声斥骂。孩子们在阴晴不定的氛围中成长,常要预备突如其来的变化,不清楚下一步会发生什么事。久而久之,他们就对人充满不信任,也丧失了最基本的安全感。另外,有些人提及他们是在"随时替换伴侣"的家庭体系中长大——妈妈(或爸爸)同居的恋人与他们各自的孩子和亲友进进出出。或者,因着经常搬家之故,无法与邻居小朋友建立稳固的友谊。我记得有一对双胞胎,里奇和吉娜,他们与我的孩子很要好。大约有两个月的时间,他们经常来我家玩。但突然之间,他们一家就失去下落。

一年之后,他们再度出现。我的太太告诉他们,她非常想念他们。"喔,我们又搬家了。"里奇解释说。

"希望你们这次能待久一些。"我太太说。

里奇摇着头说:"不可能,我们不久又会搬家。"

"是啊!"吉娜附和,"只要爸爸不缴房租,房东赶我们走时,我们就又要搬家了。"

里奇叹口气说:"我跟爸爸说过,这次可不可以不要搬太远。"几个礼拜之后,他们果真离开了。从此我们再也没有他们的消息。

非黑即白?

若是孩子的母亲属于上述三种类型之一,孩子在情感上的发展就会受到阻碍。干预型的母亲为我们做一切决定,使我们无法发展判断力；放弃型的母亲和反复无常的母亲则使生命充满了不安全感。然而，无论哪一种情况，孩子们都无法分辨有害的影响其实是源自母亲不健全的失调行为。他们把在母亲身上所经验到的"缺点"归咎于自己。

这可以解释所谓的"二分法"。"二分法"是在孩子身上所发展出来的最早期的一种防卫办法。它可说是整合作用的相反面：无法接受一个人身上同时有好坏两种素质。

"我花了好长一段时间才了解，人生不是只有黑或白，"有一个人说，"后来才发现还有灰色地带。事实上，我学习到，人生也包括各种层次的红、绿、黄。"

前面提过，人生中的第一件事就是将现实区分为好与坏两种类别。若是能在情感上发展成熟，我们就逐渐了解人生并不是这么容易区分的。我们能将看似矛盾的经验融合一体。然而，若是我们在情感的发展上受到阻碍，就会继续将所有的事情二分化：不是好，就是坏。一旦父母的行为受到质疑，我们会不由自主地视他们为绝对正确，而无视他们的问题。

当我们从小孩子的角度去看父母时，就不难明白个中原因了：

- 大人个子比我高大。
- 大人比我聪明。
- 父母有能力。
- 父母可以伤害小孩。

假如我们接受这些观念——就一个孩子而言，几乎没有选择的余地——那么我们就必须下结论说，父母晓得什么对我们最好，而且他们永远是对的。这种视父母绝无错处的倾向被称作"完美化"。

完美化的情形经常出现在"非常宗教化"的家庭中，尤其是那些一板一眼、行为态度都要恪守严格律法的家庭里。在高标准的要求下，孩子们几乎无法看出父母也有失败、软弱的一面。

圣人般的母亲

在亚特兰大，我有一位牧师朋友。他的经验使我对上述的论点有更深的体会。这位23岁的牧师，刚开始牧养他的第一个教区。他很渴望认识该区的信徒，因此逐一探访每个信徒的家庭。

有一天，他探访三姐妹。这三姐妹都是单身，年龄都已50来岁。她们都住在父亲建造的住宅中。父亲在她们年幼时就去世了，她们由母亲一手抚养长大。当我的牧师朋友探访她们时，她们的母亲也已离世至少十五年了。但是，他发现，她们的母亲对她们的生活仍有强大的影响力。

这三位姐妹带牧师进入起居室，墙上挂着一幅中年妇女的大画像。"这就是我们的母亲。"其中一位姐妹用肃然起敬的口吻说。"她真是一位圣人。"第二位接着说。"一位完美无瑕的母亲。"第三位补充一句。

整整四十分钟，话题都围绕在这位圣人般的母亲身上。这位年轻的牧师从未遇见这种情况。她们对母亲的崇拜让他有点不知所措，他实在很难相信世界上真有那么完美的人。

随后，他向一位长辈级的可靠会友提起这次探访的经验。那位会友笑着说："哪是什么圣人，她们的母亲再卑鄙不过，"他说，"她像独裁者一般支配她们的生活，我想她从未让她们出去约会或建立任何真实的友谊。"

习于二分法和完美化的成人小孩常被恐惧辖治。第一，他们害怕被遗弃。"我很害怕母亲会抛弃我们，"有一位女士回忆说，"当我们不听话时，她就威胁要离开我们，永不回来。我记得有许多下午，我一放学就跑回家，担心一进门就见到一幢空房子。实际上，她从未离开过，但是我一直害怕她真会如此做。"

其次，这些小孩也很担心失去掌握自己生活的能力，或说失去自主权。对在功能失调家庭长大的孩子而言，能否掌握自己的生活事关重大，这是他们用来脱离危机的唯一答案。当然，我们没有一人能完全掌握生活，我们抓得越紧，就越感觉生活失去控制。然而，担心失去控制的恐惧，却鞭策我们更加努力地争取控制权，即使遭受痛苦与挫折也在所不惜。

怪罪自己

孩子需要成人的保护，在生活中关爱他们、指引他们。当孩子在功能失调的家庭中长大，当基本的需要被忽略，当遭受虐待或欺压时，他们的身心受损，发展也受到严重的阻碍。

这一切事情的发生需要有一个可以责怪的对象。若是孩子们将父母完美化，他们自己就成了唯一可以怪罪的目标。在成长的过程中，他们不断地认为自己是坏孩子。即使有人说他们很好，但内心深处，他们却不相信这回事。岂会如此呢？从一个外人的角度，很难了解他们的心情。"每当有人对我说'我爱你'时，我很难相信这是真的，"有一位女士解释道，"我在家中若是听见这样的话，就知道有人要利用我了。"

对于这类伤害，正常的反应是愤怒。但是，在充满伤害的环境中长大的孩子，通常不被容许表达愤怒——或者因年纪太小，而对所发生的事一无所知——因此，他们转而压抑自己的情绪，连带否认曾发生这样的事。

然而，否认事实虽然可以切断痛苦之源，但是愤怒、无助、失望、怀疑、担心被拒绝、害怕遭遗弃、焦虑、痛苦的情绪却无处不在，表现为心理失常或自毁的行为（如自虐、自杀）。当这些成人小孩自己成为父母，他们会将童年受到的委屈报复在孩子身上。若不然，他们会将未曾解决的负面情绪发泄在对抗他人的行为上，甚至导致犯罪行为。

否认事实的举动若是一直持续到成年期，会引发许多问题。解决问题的关键在于"不忘却"，因唯有承认事实，才有得到医治与自由的可能。

> 不是所有正视的问题都会获得改善，但除非得到正视，否则没有一件事会改善。
>
> ——博得温（James Baldwin）

接受

承认事实的关键是接受。我们需要接受曾发生在身上的事，才有能力处理它。

有一位男士说，在他成长的过程中，他的父亲每个礼拜至少鞭打他两次。在他独立自主之后，每次去探望父亲，他都试着不去回忆过去的伤害。但是，他做不到。他想起挨打的地点、父亲的藤条，甚至记得在一次意外中摔碎的一盏灯。"试着不去回忆不能带来帮助，"他说，"他鞭打我是不可磨灭的事实。"

对于遭受性侵犯的人来说，接受过去所发生的事实格外困难，但也格外重要。一位男士说："我不断告诉自己，'这一定是我自己虚构的，我的姐姐绝对没有对我做过那些事'。"他花了许多年说服自己，他姐姐从未在性方面侵犯他。但是，这根本没用。他不得不承认，"她的确做过，这是事实，我现在能接受了。"

以上两个个案都接受了痛苦的事实，他们学习到，若不接受事实，就得不到释放。只有当我们承认并接受的确有些事是需要我们宽恕的，宽恕才可能发生。

我们必须接受受伤的事实，我们的确因为他人的举动而受苦。更令我们难过的是，所谓的"他人"常常是与我们非常亲近、有深厚关系的人——父母、兄弟姐妹、配偶、孩子或朋友。偶尔，我们也会受到一些与我们关系较远的人或一些组织机构的侵害。当这些事发生时，我们面临同样的抉择：不是接受，就是否认。否认事实或压抑、埋藏在心底深处，只会加深仇恨，阻碍医治的进度。

事实已经发生：父母伤害我们，朋友背叛我们，邻居虐待我们，同事欺骗我们，我们永远无法改变事实。但是，透过宽恕的过程，我们可以改变这些事实的意义。

每年十二月，许多犹太人都会纪念一个特别的日子——"Krystalnacht"。这日是纪念1938年的一个夜晚，纳粹军队将德国境内所有犹太会堂的玻璃全都砸得粉碎。几年前，我参加了这天的纪念集会。在发言人中，有两位是纳粹集中营的生还者。

第一位发言人是一位驼着背、满脸皱纹的女士。她用平静的口吻诉说当年她所受到的不人道待遇。只有在提及她无助地看着丈夫和儿子被送入煤气室时，她才掩抑不住地流泪。在结束前，她挺直身子，环顾我们说："我们宽恕德国人，但我们绝不遗忘。"

我告诉自己："她的确了解宽恕的真义。"宽恕与忘却无关。宽恕的力量在于：即使我们牢记在心，却仍然宽恕。假如我们忘却了，就用不着宽恕了。我们如何能宽恕一桩不清不楚的事？在不可磨灭的事实中，宽恕使我们从内在的愤怒、仇恨、报复的意念中得到释放，使我们免于步上自毁的道路，这便是宽恕的大作用。

超越之道

宽恕始于记住并接受过去所遭遇的事。接受是一个整合的行动，这是趋向完整的动作。借着接受，我们将现在与过去相连，也为将来铺路。

以下是一点警告：一旦我们接受过去所发生的事实，就必定会经历一个痛苦的历程。当我们揭开童年时期的痛楚，了解那些伤害我们的人竟是有义务爱我们、保护我们的人时，我们会感到无比伤痛。然而，正如一句谚语所说："有切肤之痛，才有医治之始。"

这是违背我们本性的。我们在成长的过程中，已经逐渐成为一个控制、逃避或对痛苦麻木的专家。切身面对和选择感受痛苦会使我们受伤，因这等于是重新开启旧伤。就好比有人停止使用镇静剂、酒精或药物来逃避生活，头一次认真面对自己的情绪。

有许多人发现自己对失去童年感到忧伤，为错过正常的成长阶段而惋惜。我想起一个人，他的父亲在他年幼时自杀身亡。他说道："我从来没真正当过小孩，而是一个小大人。"当我们敞开自己、感受过去的痛苦时，常会令自己不知所措。如同在第三章和第六章提及的马媞。当她开始处理自己与母亲之间的问题时，她注意到，多年来，她内在像孩子般天真烂漫的一面一直被忽略、冷落。在面对错失岁月的痛苦时，她体验到极深的愤怒、无比的沮丧和无助，甚至一度有自杀的念头，使她必须被送医治疗。

她所感受的痛苦，是深到自己无法诉诸言辞的，需要另一个人把她的感受表达出来。"假如我知道会这么痛苦，我想我不会开始这趟旅程。"然后她说，"但是因着另一种痛苦，我开始了这趟旅程。现在，我分不清楚到底哪一种痛苦更难承担。"当她如此说时，我就向她指出："至少你现在经历的痛苦可以引导你走上复原之路，而另外一种痛苦却是通往死巷。"

在功能失调家庭中长大的孩子，通常要经过几个典型的哀伤阶段：愤怒、否认、失望等等。我们为失去的童年、为未曾得到的父母之爱而感到遗憾。我们感觉受骗、被剥夺自我价值。但是，容许自己感受、经验并超越这些情绪，是非常重要的。忧伤、惋惜本身就是一种治疗，是医治的过程，使我们能放下苦恼和怨恨，松开紧握不放的情感"债权"，让那些伤害我们的人不能再像过去一般支配我们的生活。

我们无法改变过去所发生的事实。但是，我们却可以在此刻改变我们回应的方式。这便是承认事实的要点：因为"记得"，所以我们可以接受并且宽恕。"忘却"不是解决之道，只是另一条死巷。我们对所发生的事感到遗憾，深愿未曾发生过。不过，既然发生了，我们便接受它，并且让它成为过去。

章后实践指导

一、请列出两项因回忆和接受过去的伤害（即使你已宽恕了）而得到的收获。

二、完成下列句子，以便你能举出生活中某个特殊的事例：
我回忆起……
这回忆帮助我……

三、你现今的问题，可能与你过去所受、却没有完全解决的伤害有关。在下表列出你现在的问题，然后看看能否从这些问题追溯到过去所受到的伤害。

现今的问题	过去所受到的伤害
如：我没有安全感又多疑	我的配偶有外遇
1. _____	_____
2. _____	_____
3. _____	_____

四、有哪些经历是你不愿回想起的，因为这些经历伤害了你？

五、若你容许这些被压抑的思绪浮现，你有什么情绪感受？

六、你是否愿意试着留意以下这些问题，以帮助你忘记伤害：什么时候你会格外不愿想起某些事，不愿面对那些感觉和处理所发生的事？

七、有没有哪一段童年时光从你的记忆里消失了？以下依年龄将人生划分成几个时段，试着回想你生命里的这些时段，那时的生活是什么样子的：你住在哪里？你的房间是什么样子的？家里和学校的情形如何？把你想不起生活细节的那段年龄圈起来。你记忆中空白的片段告诉你，你有一段尚未解决的痛苦过去。

年龄：1~4 岁　5~8 岁　9~12 岁　13~15 岁　16~18 岁

八、想想看，你会如何向他人描述你的父亲和母亲。你会把他们说得完美无缺，还是一无是处？

九、试着列出至少三项你父母的优点和缺点。如果你列不出来，你可能得借助辅导师的帮助来进行更深入的探索。

十、哪一个最能适当地描述你对父母的看法：
- 彻底地排斥。
- 彻底地完美化。
- 合乎现实的健康观点：他们也是人，有好也有坏。

十一、你的母亲是下列哪一种类型的?

- 不断干预型:极度控制;利用你的罪恶感来挟制你;对你的生活界限缺乏健康的尊重。
- 放弃型:物质上或精神上弃而不顾。
- 反复无常型:有时候疼爱有加,有时候又冷漠疏离。

十二、回顾你的童年,你是否因为不愿将父母想象成犯错的一方,而将错误归咎于自己?你认为自己错在哪里?你如何用不公平的角度责怪自己?

十三、你用什么来处理和逃避生命中的痛苦?

十四、你如何以控制的行为,让自己否认、回避不舒服的处境或记忆,并使自己的情绪麻木,以逃避内在的痛苦?

十五、你是否曾处于受伤害的状况,却被禁止确认所发生的事,也被禁止表达你的愤怒?那是何时的事?这件事如何影响你表达愤怒的能力——即使你的愤怒是合理的?

十六、你从过去的痛苦中学到了什么,以保护自己免于再度受到"灼伤"?

十七、本章说:"要宽恕——即使仍然记得伤痛!"你愿意这样做吗?你打算采取什么行动?

十八、若有必要,你是否愿意寻求专业的治疗师,以帮助你面对过往回忆,处理浮现的情绪,并完成宽恕的过程?

第八章 表面的宽恕

我们可以借着表面的宽恕,继续落在苦恼与仇恨的情绪中;我们也可以选择真正的宽恕之途,一路上汲取教训,使我们的生命更加健全。

午餐时间,约翰在员工餐厅听白安叙述上午在办公室里发生的事情。白安的老板走进办公室,用力地关上门,气呼呼地大声质问、怒斥。

"听起来很糟。"约翰摇着头说,"那你怎么跟他说?"

"说什么?我什么话也没说,"白安耸耸肩,"我完全插不上嘴。我想要解释,问题是他根本不想听。他只是想发泄而已。"

"所以,你没有机会澄清?"约翰问道。

"嗯,他最后平静下来了,所以我跟他解释了一点。"白安说,"他只知道片面,而且大部分的信息是错的。但没有关系,我说过,他只不过是想发泄而已,刚好我就是那个倒霉鬼。"

"你现在感觉如何?"约翰问道。

"嗯……还好吧,"白安叹口气说,"平白无故被骂一顿,但事情毕竟过去了。我已经原谅他了。"

白安开始转移话题,但是约翰却举起手来说,"等一下,你说原谅他是什么意思?你听起来一点也不像原谅他了。事实上,在我看来,你还是相当生气。"

白安困惑地望着他:"是这样吗?一开始我的确很生气,但现在……"

"瞧瞧你自己,"约翰说,"你的音调、脸上的表情,甚至你的坐姿……都显出你的愤怒。"

"我想你是对的，"白安承认，"他说的一些话真的很令我气愤。我的意思是，我知道他所指责的都是错误的，而我却不能辩明什么……但就像我所说的，这件事已经过去。我已经原谅他了。"

约翰笑着说："白安，我不认为你真的已经原谅他了。你还没有完全原谅，至少不是从里到外的原谅。"

大多数人面对冲突都会感到不自在。常常我们不是花时间尽力去解决冲突，反而是避而不谈，假装这无关紧要，甚至假装没发生过。

我经常看到有些人犯错之后，虽然明知自己犯错，却装作"这没有什么大不了"。同时，我也见到有些人明知自己受委屈，也仍然感到内心的刺痛，但是他们却忽视这个痛楚，并试着遗忘所发生的事。一方敷衍地道歉，另一方表面地接受；双方都装作事情已经解决了，但真是如此吗？

大多时候，答案是否定的。真正的悔改和真正的宽恕需要付出时间和努力。承认与接受所发生的事，并厘清缠绕的情绪与心结，都需要花上时间和努力。我们必须从心底真正地取消得罪我们之人的"债务"。假如省略这个步骤，直接就来到"道歉后就没事"这个结尾，算不得真正完成宽恕的程序。

但是，我们不是被教导要迅速地"讲求和睦"？不是应该咬紧牙关、逆来顺受吗？尽快地让痛苦成为过去，不是成熟与能力的表现吗？

> 许多在酗酒家庭长大的成人小孩，甚至孙儿辈，在试着宽恕他人之前，却没有先静下来宽恕自己。有时，我们很容易为他人的怪异行径找到合理的解释，却无法接受自己的行为。宽恕不是顿悟，而是在态度和感受上逐步改变。宽恕的确是一个心灵的历程，让自己能够重新面对自己。宽恕需要你客观地站在一旁，观看你曾做过的选择。了解在可用的资源下，你已竭尽所能。
>
> ——《酗酒者的孙儿辈》[1]

答案有是有非。迅速并且直截了当地处理冲突可以是能力与成熟的象征。但若是我们要保持情绪上的健康，就必须完成宽恕的整个过程。

一位名叫葛兰的女士有一次对我说："我母亲经常说：'如果有人得罪你，你就将伤害从心中剪去。'"葛兰说，多年来，每当有人伤害她，她的脑中就浮现一把剪刀的影像，把她的心剪掉一片。"尽快地宽恕，使我感觉好像割掉自己的一部分，以求和睦。"她说，"但是，有时我会想：假使我持续这样做，我这个人（或我的心）还能剩下什么呢？"这是个好问题！

我们岂不都像白安一样，以为必须立即宽恕且不带情绪？或者像葛兰一样，认为他人得罪我们时，只需"将伤害从心中剪去"？这听起来非常高尚，富有美德，实际上却留给我们许多

---

1. Ann W. Smith, *Grandchildren of Alcoholics*, Deerfield Beach, FL: Health Communications, Inc., 1988, 141.

后遗症。到最后，积压的愤怒与苦恼会不断回过头来缠绕我们。

在第三章与第六章我们都曾提及马媞，当我告诉她，诊疗的最终目的是使她能够原谅母亲时，她大感惊讶。她当下的反应是哭着说："绝不！我绝不宽恕她对我所做的！"然而，过不了多久，她却说："你知道，刚才我思考了一下，其实我已经宽恕她几百次了。每一次她伤害我，我就宽恕她。我猜那么做并没有什么功效。你说是吗？"

是的，没有功效。这正是重点所在：在我们心中掠过的许多次"宽恕"念头，根本算不上是宽恕。往好的方面看，它就像是一种社会习俗，用来平息表面的愤怒。往坏的方面看，它使得伤害更加深埋在我们心底。未处理情绪的宽恕，充其量不过是口头上的原谅而已。

现在，我们需要区分一下宽恕的决定与宽恕的过程。宽恕的决定，意味着选择取消对方情感上的"债务"；宽恕的过程，意味着调整我们内在的反应，直到所遭遇的事不再束缚我们。

无法立即宽恕的牧师

我接着讲述一位牧师朋友的经验给马媞听。几年前，他与其他十二位牧师应邀参加一个全天的讨论会。在讨论时，我的朋友无意间说了一些话，深深伤害其中一位名叫丹尼的牧师。情况相当明显：丹尼涨红了脸，身体变得十分僵硬。

几分钟过后，在休息时间，我的朋友走向丹尼，向他说："我真的非常抱歉，若是我说的一些话得罪了你……"

"若是你得罪我？"丹尼打断他的话，"你知道你真的得罪我了！"

"是，是，你说得对，"我的朋友说，"我很抱歉，真的很抱歉，请你原谅我。"

"我知道你不是有意的，"丹尼说，"我也知道你是真心道歉，所以我原谅你。但是事情还没完，我需要一些时间调整，让整件事过去。"说完，他转身就走了。

一个礼拜之后，我朋友的电话铃响了。他接起电话，是丹尼打来的。"我想谈谈退修会那天发生的事，"他说，"我原谅你了，我的意思是，我真的原谅你。那天我就已经宽恕你了，但是……"

"我了解，"我的朋友说，"我理解你的挣扎。我很高兴你没有戴着一副假面具，笑笑对我说'没事'。我明白你那天就已经宽恕我了，令我高兴的是，你不是这样就算了，而是继续调整你的情绪，直到整件事过去。"

在丹尼与我朋友的例子中，伤害只是一时的。虽然丹尼感到深受伤害，但是与马媞所背负的那三十多年的伤痕比起来，就显得微不足道了。假如丹尼都需要花一个礼拜的时间，才能完全宽恕他人一时的过失，那么马媞又需要多少时间才能平复内心的创伤呢？

"现在，我并不是说你要心怀怨恨，背负着创伤直到永远，"我告诉马媞，"但是，你已经很清楚，过去表面上的宽恕是绝对不够的。这次你何不给自己时间与空间真正地宽恕呢？"

表面的忏悔

先前我们提到,在解决冲突的情势里,不论是忏悔还是宽恕的一方,都很容易只做到表面功夫。在一个亲密或者持续中的宽恕关系里,有时需要适时地向经常得罪我们又只是表面忏悔的人施加一些压力。

举例而言,我习惯性地拿詹姆斯开玩笑。这常常引来许多笑声,但都是以詹姆斯为笑点。我知道这使他很窘迫,但还是不断地开他玩笑,然后再向他道歉。詹姆斯对于我道歉的诚意显然十分怀疑。

有一天,事情再度发生了。我说:"詹姆斯,我真的很抱歉,请你原谅我。"

"嘿,戴维,"他说,一边摇着头,"你至少有20次这样做了,而……"

"我知道,詹姆斯,"我打断他,"我知道。我真的感到很抱歉。"

"但是,戴维,上一次,你也说你真的很抱歉,上上一次……"

现在,假设我决定使出我的王牌:"可是,詹姆斯,你必须要宽恕我。这是你应当做的。"

"嗯……好吧,我想,"詹姆斯满怀怒气地说,"我宽恕你。"

事情的真相到底是什么?我真的悔改了吗?似乎没有。詹姆斯真的宽恕我了吗?显然也不是。我们双方只是说了一些得体的话。但是,詹姆斯明白不久就会有第21次的冒犯,只不过是时间长短的差别而已。

詹姆斯对于我悔改的诚意持怀疑的态度。也许我只是用一套方法迫使他宽恕我,但我自己却不是真心想要改变。我说出魔咒——"请原谅我"——他就非要遵行不可。就这样,一切都解决了!

真是如此吗?显然不是。事实的真相是,我的确迫使詹姆斯原谅我的过失,使我得以解围;而表面看来,詹姆斯好像也只是轻描淡写地说:"喔,无所谓。"或者"不用在意。"

但是,若我的行为令詹姆斯感到痛苦,我应该"在意这件事",至少要认真地面对事实,并且尽力去改善。而詹姆斯也不应该压抑自己受伤的情绪,使自己有再度受伤的可能。詹姆斯对自己也对我们双方都负有责任:一方面向我施加压力,要求我真心悔改;另一方面,他自己也必须经历完整的宽恕过程。

真心道歉的女人

再以谢里尔为例。谢里尔与许多女同事一起在一家大公司任职。其中一位名叫艾莎的同事,刚订婚不久。谢里尔认识艾莎的未婚夫路易斯,因他们在工作上经常接触。

在一次圣诞晚会上,谢里尔与艾莎的室友南茜闲谈。她们聊起艾莎订婚的话题,南茜问谢里尔对路易斯的看法。

"他光说不练,"谢里尔说,"他每次都说他打算做这个做那个,但最后什么也没做成。"接着,她举例说路易斯自告奋勇要做的一些计划,结果都半途而废。"我只能说,他不是个很负责任的人。"谢里尔下结论说。

谢里尔讲完后,转头才发现艾莎就站在她背后。谢里尔不知道艾莎听到多少,但她的表情透露出她听到了大部分。"很抱歉,让你听到那些话,"谢里尔说,"不过,这都是事实。"说完,她就走开了。

悔改的第一步是知道我们做错了。往后几日,谢里尔与艾莎共事得很不愉快。整个办公室笼罩着一股冷漠的气氛,证明艾莎的确听到了她对路易斯的批评。

谢里尔的第一个反应是怪罪他人。第一,南茜为什么要问她的意见?谢里尔的座右铭是:"若有人敢问,就要有勇气听答案。"南茜对路易斯一定怀有一些疑问——毕竟,她是艾莎的室友——否则她不需要问。

其次,艾莎为什么一声不响地站在谢里尔背后?显然她在偷听!她不应该偷偷摸摸地听他人谈话。若是她所听见的使她受伤,那是她自找的。这是偷听所付的代价。

但是,当谢里尔越回想整个过程,就越感觉自己对路易斯的批评太严苛了。她不应该在她们面前这样批评他。谢里尔最后承认自己太不近人情。"我错了,我不该说那些话。"

悔改的第二步是决定弥补我们的过失。虽然承认自己错了,但谢里尔却想再找一些"借口"为自己辩护,使自己能逃脱责任。

也许我只需将这件事忘记就可以了,她想。我相信其他人也会这么做。此外,我何必为说出真相而道歉呢?人人都知道我是一个心直口快的人。说不定我还帮了艾莎一个大忙,使她从对路易斯的迷恋中醒悟过来。

但是,最终谢里尔了解到这些论调都不成立。她做了一件错事,这是事实。过去她也犯过许多类似的错误。就算她是一个"坦率的人",也不代表她就有借口伤害他人。她不能要求其他人非要接受她的率直不可。因此,她必须道歉。

悔改的第三步是承认我们的错误,并请求对方宽恕。一天早晨,在休息时间,谢里尔走到艾莎面前。"嗨,"她说,"我对那天晚会上所发生的事感到很抱歉,就是我批评路易斯的话。我的多嘴常让我惹上麻烦。我不该说那些话。对不起,你能原谅我吗?"

"当然,"艾莎说,"不用放在心上。"说完,她就转身离开了。然而从那时起,她只在讨论公事时才与谢里尔交谈。几个礼拜后,艾莎转到另一个部门。不久,谢里尔听说艾莎的婚礼十分温馨,但她自己却无缘目睹盛会,因为艾莎没有邀请她。

这个故事一方面显示出悔改的过程,另一方面却也是一个表面宽恕的实例。艾莎究竟有没有宽恕谢里尔的行为呢?似有似无。她确实说她接受谢里尔的道歉。但是,谢里尔却感觉不到自己真正被宽恕。事实上,谢里尔在道歉之后的感受比之前更差。艾莎嘴上说宽恕,但是态度上却完全不是那一回事,就好像当面赏谢里尔一个耳光一般。

尽管谢里尔负起弥补过失的责任,但是,她却不能掌握也无法预测艾莎的反应。

宽恕母亲的女孩

黛安娜最早的记忆是充满恐惧地躺在床上装睡。她的恐惧源自她的父亲,因为在另一张床上,她的父亲正对她的姐姐性侵犯。黛安娜起初不晓得发生了什么事,直到稍长才明白。家中没有一人谈论这件事,甚至否认有这回事。黛安娜只知道这是一桩很不好的事——而且这事随时可能降临到她身上。现在,她很庆幸她父亲在她10岁——还不至于在性方面引起她父亲兴趣的年纪——就去世了。

在往后的岁月里,黛安娜发现自己对父亲潜藏了许多害怕的情绪。她也发现自己对母亲充满了愤怒,因她母亲没有尽到保护她和姐姐的责任。

这些想法使得黛安娜深感不安。她为母亲的失职找了许多借口。她的母亲无法保护自己的女儿是有许多冠冕堂皇的理由的。首先,她母亲也畏惧丈夫。他有许多次喝得烂醉后殴打妻子。显然,她的母亲也自身难保。

黛安娜和我谈论了很久,有关她对母亲的愤怒和因愤怒所引致的不安。"我同意你的说法,黛安娜,你的母亲不插手这件事确实是为了保护她自己。"我说,"但是,这不能改变你对你的家所怀的真实感受。你的母亲不仅自己受虐待,也容许你和你姐姐遭受惊吓,你的情绪反应是再真实不过的。"我希望黛安娜了解,她的情绪是正常的反应,她需要正视这些情绪。虽然她母亲的失职是可理解的,但是这并不表示黛安娜必须漠视自己对这件事的反应。若是她轻视、忽略自己的情绪，就只不过是表面的宽恕，而无法从愤怒当中释放出来。

黛安娜投注许多时间和精力在宽恕母亲的过程中。她把幼年时期的遭遇和感受详尽地记录在日记上。她也询问母亲当年对父亲的印象。有一次，她问母亲说："你当年害怕的是什么？"她的母亲花了一个多小时的时间，含泪述说身为一个妻子与母亲，她是何等无助。

黛安娜不再责怪自己对母亲怀有负面的情绪。她的目的不是要增加母亲的痛苦，而是要使自己从痛苦的阴影中走出来。就这样，在宽恕母亲的过程中，她可以彻底地厘清过往的情绪，而不再添加新的伤害使情况恶化。就这个例子来说，宽恕完全是为了黛安娜的缘故——不是为她母亲的失职卸责，而是使她自己从情绪的捆绑中挣脱出来。

重蹈覆辙

让我们回到詹姆斯与我的脚本中。之前提到，我又和詹姆斯开了一个恶劣的玩笑（大约是第 20 次），而他为了是否接受我的道歉感到十分为难。最后，我以一句魔咒脱身，再度我行我素，而詹姆斯则清楚地知道我会继续伤害他，也许就在不久之后。

现在，让我们列举一个较为健康的回应。同样，假设在第 20 次得罪詹姆斯之后，我走过去向他道歉。

"詹姆斯，我感到很抱歉。你能原谅我吗？"

这回詹姆斯回答说："你晓得，戴维，这已经是第20次了。你不断地道歉，却又不断重蹈覆辙。我知道你的确真心想道歉，但是我不能只是说'没问题，戴维，我宽恕你'这么简单就算了。"

我试着再次使出我的王牌："但是，詹姆斯，你必须要宽恕我，这是你应当的……"

"我晓得，"詹姆斯坚决地说，"我是准备要宽恕你。我不想做个讨债鬼。正如我说的，我知道你的确真心想道歉。但是，对我自己而言，我需要慎重看待这件事。我已厌倦了不断受你的伤害。我需要时间处理情绪，也需要找一个方法保护我自己。若是可以的话，我不希望自己再受到第21次伤害。"

我认为以上是一个较为坦诚的处理方式。詹姆斯表示他看到了我道歉的诚意，而他也没有对我心怀怨恨。然而，他也告诉我，我与他需要认真地检讨彼此的关系。

最重要的是，在他有机会处理自己的情绪和反应之前，他没有违背自己而给予我表面的宽恕。宽恕的过程需要时间，这是天经地义的事。詹姆斯坚持要给自己一些时间，我很敬重他的决定。因他如此坚持，我们的友谊最后才能更加稳固。

奥思堡格（David Augsburger）在著作《因爱勇于面对》（Caring Enough to Confront）一书中说道："宽恕是一个旅程，包含许多的步骤。"这个短短的句子，总结了我们先前所说的。我们总是希望宽恕能又快又容易，然而，事实上，宽恕是一个过程。或者说，它是一个旅程，包含许多步骤。第一步，选择宽恕和选择取消情感上的"债务"相当重要，绝不可轻视、忽略。但是，其他步骤也一样的重要，不可随意掠过。

从宽恕中我们能学到很多。遭受伤害只教导我们保护自己，不信任他人；而宽恕却提供我们另一种选择。我们可以借着表面的宽恕，继续落在苦恼与仇恨的情绪中；我们也可以选择真正的宽恕之途，一路上汲取教训，使我们的生命更加健全。

章后实践指导

一、有没有什么事情让你很受委屈，至今仍然刺痛你？你想把它冲刷掉，把事情缩到最小，尽可能逃避这件事，因为经历这个冲突让你很不舒服。请你试着写下这件事情（这件事可能是你还紧握着的"借据"之一）。

二、你曾经只在表面上宽恕他人吗？如果有，你觉得问题解决了吗？若没解决，这个问题如何再度浮现？

三、请定义下列三者：
- 决定性的宽恕。
- 表面的宽恕。
- 宽恕的过程。

四、表面上快速的宽恕，并不能长时间改善关系；真正的宽恕是一个过程。你愿意承诺去处理现在面对的事件，直到这件事不再控制你的情绪为止吗？

五、"宽恕是一个旅程，包含许多的步骤。"到目前为止，你采取了哪些步骤？下一步，你要采取什么行动，来处理你的愤怒，以便完成宽恕？

六、你曾做了什么令你后悔的错事吗？列出本章所说的悔改三步骤（第202-203页）。想想看，你现在处于哪一步骤？

七、你愿意对自己许下承诺，今后不再停留于表面的宽恕，愿意进一步处理你的情绪吗？

八、你可以和谁分享这个承诺，以便他们帮助你对此承诺负起责任？

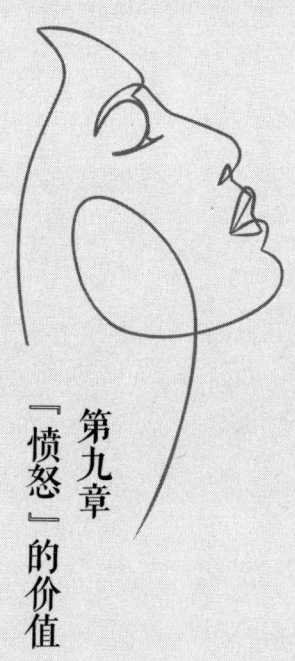

第九章 「愤怒」的价值

若没有处理愤怒的情绪,大多数的宽恕都只是表面的。真正的宽恕常包含愤怒。

你同意以下的句子吗？

若没有处理愤怒的情绪，大多数的宽恕都只是表面的。真正的宽恕常包含愤怒。

多年处理功能失调家庭的经验，让我们非常认同以上的说法。然而，许多人对这样的说法感到困扰。他们对愤怒感到不安，尤其难以将它和宽恕联系在一起。但事实上，愤怒与宽恕的关系相当密切。在大多数案例中，除非我们处理好愤怒的情绪，否则无法真正地宽恕。换句话说，处理愤怒常是宽恕过程中关键的一步。

大多数人对愤怒的观念常混淆不清。我们常以为生气是错的，甚至是有罪的。但是，愤怒是人生的一面。我们难免会有生气的时候，然而我们如何看待它呢？许多人会玩弄文字游戏，我们会说"有一点不高兴"，或说"心情不好"，或说"有一些沮丧"，我们总是拐弯抹角，而不愿直截了当地说"我非常生气"。

事实上，我们常常就是非常生气——这完全没有不对的地方。就愤怒的情绪本身来说，没有所谓的对错。容我再说一次，愤怒的情绪本身没有所谓的对错。它本来就存在着，是人类与生俱来的"基本配备"。我们处理愤怒的方式才有所谓的对错、好坏、健康或不健康的分别。

我们有可能滥用愤怒，或以不健康的方式来表达，就如我们无缘无故就对他人"大发脾气"。不健康的愤怒使我们与所爱的人距离越来越远。

然而，我们也可以将愤怒使用在达成健康的目标上。举例来说，愤怒可以带给我们力量，超越挑战与障碍。我们当中有谁没有因一些老是克服不了的问题而"气愤不已"，然后借着这股愤怒产生的力量越过山峰？

> 健康的愤怒促使我们行动，以改变令我们生气的情势。愤怒赋予我们能力，使事情得以改善；憎恨则不想让事情改善，反而使情况更加恶劣。
>
> ——《宽恕与忘却》[1]

愤怒也警示我们，需要与其他人设定界限。这是一种保护自己的方法。在第八章，我们曾以詹姆斯与我的假设情况为例。在屡次受冒犯之后，詹姆斯生气了，不是脸红脖子粗的生气，而是化为行动，致力改善我们之间的关系。他可能不会用"愤怒"这个字眼来形容他的感受。他可能会说他"受够了"，或"感到很挫折"。但事实上，使他对整个情势作出健康回应的，正是愤怒。

我们可能很难接受"愤怒是正常的，是人生不可避免的一部分"这个观念。反之，我们所受的教导是，生气永远是错的，"好人"从不生气。

---

1. 史密德，《宽恕与忘却》，原著第 21 页。

这真是一派胡言。事实的真相是"好人"经常生气。问题是他们并不明白自己在生气，或说他们不知道如何处理自己的愤怒。这个问题我们将会再进一步讨论。

再重复一遍前面所说的：愤怒本身没有对错。感到生气，并且把愤怒的情绪表达出来，是一个健康人的正常反应。失去感受和表达愤怒的能力，或者习惯于将愤怒压抑在心底，是大有问题的，而非一种美德。

生气？我？

与愤怒有关的最主要问题是，我们有时甚至没发觉自己生气了。对那些认为生气是不对或有罪的人而言，尤其如此。他们甚至不让自己知道自己正在发怒。反之，他们压抑愤怒的情绪，或给它另一个名称，或假装它不存在。

还记得第八章约翰和白安的故事吗？白安在那天早晨与老板有些冲突，之后，心中仍存在一些阴影。但是，直到他的朋友约翰指明了，他才知道自己还在生气。这是常见的一幕。有时，我们需要朋友或辅导戳破我们生气的事实。

有一次开会时，我听见与会的一位牧长怒气冲冲地向另一个人厉声喊叫。他的声调高昂，言辞尖刻。乍听之下十分刺耳，更何况被指名的对象！

那天稍后，我有机会与这位怒气冲冲的牧长交谈。我提起这件事。"喔，"他说，"这种小事偶尔会发生，没有什么大不了的。"

没有什么大不了？对我来说，这挺严重的。"请告诉我，"我说,"当你……嗯……向他说话时,你有什么感觉?"

"感觉?"他说,一边困惑地望着我,"我不知道,我没什么感觉。只不过有些事情我必须告诉他,而……"

"你没有感觉到生气吗?"我打断他。

> 也许自卑人格所造成的最具伤害性的结果是,我们不知道我们究竟有多么沮丧和生气。我们无法确实地感受到未曾解决的忧伤,因我们错误的自我防卫阻止我们经验忧伤。矛盾的是,保护我们度过惨痛童年的防卫办法,如今却成为我们成长的重大障碍。
>
> ——《医治捆绑你的羞耻》[1]

"喔,没有,"他很快地回答说,"一点也不。我没有生气。我只是……"他说了一半,就接不下去了。之后,在交谈的过程中,我渐渐明白,在他的观念中,生气是不好的。基于这个理由,他无法向我承认,或甚至向他自己承认,他曾经生气。我相信他对我说的全然属实。但是,我的确看见一个人涨红了脸、声调严厉、双手颤抖、言辞刻薄。这可以说是一个典型的例子,明明处于生气的状态,却无法承认这个事实。

维克长期以来都陷在沮丧之中,他去见一位心理医师许多次,但都没有什么进展。

---

1. John Bradshaw, *Healing The Shame That Binds You*, Deerfield Beach, FL: Health Communications, Inc., 1988, 137.

当他来见我时，我们谈起他的父亲。他的父亲在他 10 岁时就去世了。尽管事隔三十多年，但是每次谈起他父亲，维克仍然声泪俱下。显然，他父亲的去世与他的沮丧有些关联。

有一回，我问维克，他是否对他父亲的去世感到很生气。他惊异地看着我，好像我误闯圣地一般。"生气？"他反问，"我怎么会生气？他又不是故意要去世的！"

我同意他的说法，但接着解释说，许多时候，忧郁的形成与愤怒有关，包括对已逝的亲人生气。维克专心地听了一会儿，然后摇着手终止这个话题。他说，他无法看出沮丧与愤怒之间有任何关联。

约谈几次之后，我再度提出这个话题。这次，维克承认我所说的令他感到很困扰。他说，认真思考之下，也许真有一些愤怒的感觉吧。但是，却不是针对他的父亲。可能是对医生，但绝不是对他父亲。

我决定采用另一条路径。"我想问你一些事，维克，"我说，"你认为你父亲在你年幼时去世，带给你什么损失？"他想了一会儿。接着，他列出许多失去父亲的损失：少了一个人去看他少年联队的球赛，少了一个人帮他完成作业，少了一个人教他追女朋友，少了一个人在人生重大事件上给他指明方向等等。维克花了不少时间继续列出一些项目。

等他列完后，我轻声地给他意见："我想若是有人剥夺了我这些项目，尽管他不是有意的，我还是会很生气。"我可以看出维克略有领悟的表情。

> 当成人小孩逐渐了解自己在童年时期曾遭受欺骗后，就会感到一股无可掩抑的愤怒。他可能想要宽恕，却仍然感到愤怒。有时，生气的对象反而不是喝得烂醉的酗酒者，而是袖手旁观的父亲或母亲——他们似应明白整个情势，插手保护自己的孩子。
>
> ——《酗酒成人小孩的复原之道》[1]

随后，维克能够分辨出他对父亲所暗藏的一些愤怒，也能谈论为何承认自己对父亲生气是一件很困难的事。像许多人一样，维克根本不知道该如何处理愤怒，不论是他自己的，或者其他人的。这使他感到不安。因此，他干脆假装愤怒的情绪不存在。就我们所知，忽视情绪并不能使这些情绪消失，反而会使其潜藏在我们内心。表面上我们意识不到，却时刻受其影响。

难怪，即使在成年生活中，维克仍不懂得如何处理愤怒。每当事情出错时，他就暴跳如雷，事后才感到既尴尬又充满罪恶感。我告诉他，学习自我控制情绪，是父亲教导孩子的项目之一。"这是我错失的另一个项目。"他说。维克从不觉得需要宽恕父亲。他已将父亲理想化，如同圣人一般。想到自己竟然对父亲生气，简直是大逆不道。而想到父亲也有需要被宽恕的地方，更是难以接受。

---

1. Herbert L. Gravitz and Julie D. Bowden, *Recovery: A Guide for Adult Children of Alcoholics*, New York, NY: Simon & Schuster, 1985, 31.

在了解自己的愤怒情绪之后，维克不仅了解到自己一生中所错失的重要事项，也开始设立步骤，完成宽恕父亲的过程。严格来说，不是他父亲犯了什么过失。正如维克所说，父亲的去世并非父亲的错。然而，在不知不觉中，维克却紧握着父亲的"借据"不放——为了他自身的复原，他需要取消这笔"债务"。

愤怒：反射动作与回应

我们越深入研究，就对某些观念越感到困惑，愤怒便是其一。主要的问题出在这个字词被使用在太多的情境中。举例而言，当车子不能发动时，我感到生气；父亲的早逝也令人生气；对种族歧视我们会感到愤怒；而对于像我们如此富裕的国家竟有无家可归的人，也会叫人愤愤不平。

我个人喜欢从两个基本的角度来思考愤怒：反射动作与回应。

反射动作是针对刺激而"自动"或"本能"产生的一种反应。我们习于将愤怒视为一种情绪，也是因这缘故。当有人说了一些伤害我们的话，或者做了一些得罪我们的事时，愤怒的情绪就在我们心里翻腾不已。我们不是有意要如此，也未曾详细计划，更无法阻止它。自然而然地，它就发生了。

回应是我们针对刺激而决定采取的行动。就程度而言，它是经过深思熟虑的。反射动作是在我们身体上自然产生的，但是采取什么回应，却需要经过我们的选择。

显然，同样一个刺激会同时产生出反射动作与回应的行动。举一个简单的例子：假设你走到我面前，没来由就突然打我一巴掌。我立即会有的反射动作是满脸涨红、肌肉紧缩，急促地骂道："你干嘛打人！"

接着，我停下来思考所发生的一切。我注意到我的反射动作，也注意到你所处的情境。也许，你这样做有你的原因，或说我挨打是罪有应得。此时，我会决定适当的回应是转身离开，还是正面与你冲突。

若是我选择后者，我们便可以说，我体验到的愤怒多过于忍耐。我们只需注意反射动作（"自然发生的动作"）与回应（"我选择去做的行动"）之间的区别就行了。

愤怒是人类面对痛苦、恐惧和挫折所产生的正常反应。当有人与我们作对——不论有意或无意，我们首先有的最强烈反应就是愤怒。

当我们有愤怒的举动时，仔细地查看我们内心的状况对我们十分有益（通常需要冷静下来，等事情经过了才有效）。举例来说，假设我正在主持一堂讲座。在发问回应的时段中，有一位名叫哈博的人提出他反对我对愤怒的看法。在他看来，生气是不对的。我将我的观点重述一遍给他听：我认为愤怒本身没有对错，它只是人生的一个面相，愤怒的对错之分，完全取决于我们的回应方式。

"你看，你又来这套了，戴维，"哈博轻蔑地说，"你是专家，你永远是对的，他人永远是错的。你以为你很聪明。事实上，你自大、傲慢，又讨人厌。"

当哈博如此说时，你想我心中作何想法？首先，我觉得自己受侮辱了。他所说的令我大感惊讶。我一向觉得自己行为正直、动机纯正，做人光明磊落，将信念据实以告。自大？傲慢？我是这样的人吗？

从哈博这番话当中，我发现他认为我算不得什么。假如他尊重我，他不会在众目睽睽下如此对我说话。我从他那里得到的讯息是："你没什么了不起。"

此刻，我开始出现愤怒的反射动作。没想到吧？

现在，我也许能安抚自己，不要理会那些反射动作。假如我有好的自我形象，假如我前一晚的睡眠充足，我可能自我安慰说："嗯，这不是事实。我不像哈博描述的那样坏。他只不过是对我存有偏见罢了。"若我的回应是如此，我也许就会终止愤怒。

但是，也许我的自信心不强，也许我的防卫系统因疲倦、饥饿、情绪不佳而瓦解了。我可能相信哈博所说的是真的："也许我就像他所说的那么差。"然而，即使我有这样的想法，我下一个念头却可能是："他怎么可以在大庭广众之下，这样批评我！"此时，我的愤怒产生出仇恨。

或者，我只是单单反对哈博和他的信息："真可笑，他有什么权利说这番话？他凭什么，我应该……"我的怒气开始上腾。

何以如此呢？因为哈博触到了我的痛处。他想要直捣我的内心，摧毁我的自信。换句话说，他向我"公然挑衅"。

四种回应

以上的例子可以帮助我们了解"反射动作"的几种状况。而了解反射动作的唯一理由是帮助我们选择适当的回应。假设我们受到了"公然的挑衅",我们立即产生了满怀的怒气。这时,我们应当如何处理我们的愤怒呢?

大致上有四种基本回应:

一、压抑情绪

有些人无论受到什么侮辱或不公平的对待,都像石头一般无动于衷。他们意识不到愤怒的感觉。也许从幼年时期开始,他们就学习到生气的情绪是危险的或不值得的。因此,一有生气的情绪出现,他们就将它压抑下去。

压抑愤怒有点类似电话"插拨"服务。设有插拨服务时,若你正在打电话,而有其他的电话想打进来时,就会有讯号通知你。你可以不理会第二通电话,而继续与第一通电话交谈。但是,间歇的"哔哔"声会不断提醒你,有第二通电话要打进来,使你难以忽略。

压抑愤怒正是如此。你可以继续过你的生活,假装愤怒的情绪不存在;但是,它却一直在那里。除非你处理它,否则它不会消失。一有机会,它就以各种不同的形式"发泄"出来,如沮丧、怨恨、不信任、自怜、焦虑、刻薄等。

近年来,医生发现压抑愤怒对生理有极大的影响。研究癌症的学者归纳出"癌症患者的人格特征",指出四点比一般人更为明显的特质:[1]

---

1. 取自 Dr. O. Carl Simonton, M. D., Stephanie Matthews Simonton, and James L. Creighton, *Getting Well Again*, New York, NY: BantamBooks, 1978.

- 较差的自我形象。
- 无法维系长久的关系。
- 容易自怜。
- 倾向记仇，无法宽恕。

第四点与压抑愤怒有直接的关系。癌症治疗师花了许多心血帮助病人把压抑的愤怒挖出来，以便正视、处理。许多病人经过这个阶段后，在病情上有显著的进步。

压抑愤怒又好比高压锅里的蒸气。一个安全的高压锅有一个主要的活栓和一个安全活栓。假使我们压抑愤怒，同时又把所有的活栓都关闭，最后锅盖就会爆炸！蒸气最后一定会喷出，因为锅盖只能承受一定程度的压力，问题只在于锅盖如何爆炸、何时爆炸以及谁会受到池鱼之殃罢了。

二、大发脾气

几年前，有些人开始认知到压抑愤怒的危险。为了防止危险发生，他们又将钟摆荡到了另一个极端。他们主张"一感到愤怒，就要立刻全部发泄出来。不要延迟，更不要忍气吞声。你要'真实'地对待你的情绪。"

也许不幸的是，你身边就有将这个主张发挥到极致的人。他们将情绪发泄在周围的人身上。若是他们忧伤，就把忧郁的气氛传遍四处；若是他们受到惊吓，就使其他人也感到惶恐；若是他们生气，就要更小心了——那些被"台风尾"扫到的倒霉鬼会告诉你，这一点都不好玩。

真实地发泄情绪固然有其意义与价值，但是四处尖叫、诅咒、破口大骂，并不是处理愤怒之道。大发脾气可能会使你感觉好些，至少当下是如此。然而，这样做却会破坏关系，也会损害我们自己情绪上的健康。记得有一位来到诊所的人说："只要我生气，我就拿身边的人出气。事后，我会感到舒服些，好像身上的重担卸下了。"他遇到什么问题呢？"我必须与你谈谈的原因是，"他接着说，"我没有朋友。不知道为什么，每个人似乎都有一些怕我。他们说，他们不喜欢与我在一起。"为什么呢？不用想也知道！

三、感到愤怒，但决定不立即发作

我们让自己体验到愤怒的情绪，而非压抑，但同时也选择以健康、正面的方式处理。换句话说，我们决定回应，而不是单靠反射动作而已，就像对自己说："是的，我很生气，但是在我重新思考之前，我不采取任何行动。"

我们生气时，常常无法看清事情的真相。我们需要指引，使我们在变得较为客观之前，能保持冷静。"数到十"的老方法在这里也适用（虽然有时我们感觉需要数到一百万才有效！）。

四、学习向我们所信任的人承认愤怒的情绪

首先，我们需要澄清"承认"这个字的意思。就字根来说，这个字的意思是"说出真义"，或者"以确切的话语表达真相"。就两种意义来说，都不涉及"认罪"的意思。它只是单纯意味着坦诚地叙述真实的情况。

就我们的情绪来说，承认愤怒代表开放、诚恳地分享我们内在的状况。"现在我真的对……感到好生气"或"当她那样说时，我感到非常愤怒，只想……"。说这些的目的是要将我们的情绪带上台面，以便更清楚地看到，并作出最合适的回应："当事情发生时，我真想（揍他一拳、向他尖叫、转身跑开）。但是，现在我知道最合适的方式是……。"

支持系统

上面第四点指出拥有支持系统——在生活中有我们可以信赖和倾诉的对象的重要性。独自承担愤怒，最后的结果就是压抑，并加深我们孤立无援的感觉。反之，把我们的情绪向另一个人倾吐，可以帮助我们用健康的方式发泄情绪。

维克选择用第四种方式来回应他的愤怒，在彼此信任的关系中处理情绪。他容许自己感受愤怒，不再独自忍受；这使他对自己的忧郁倾向有更深入的了解。

在治疗之初，维克先采用第三种方式来回应愤怒，亦即，每当他感到愤怒，他就选择冷静下来，考虑适宜的回应。这对他而言是一个新的尝试。以往，只要他一感到生气，他立刻采取反击的行动，结果反而加深他的困扰。在疗程的最后，他决定向一个信任团体倾吐他的愤怒。这个方法带给他极大的助益。就他的案例而言，这是迈向宽恕之途的关键一步。

还记得哈博吗？在一个假设的例子中当众侮辱我的人。在那个故事里，我想象了许多种回应的方式，包括内在与外在的回应。也许最健康的方式是，对自己说："哈博对我充满愤怒。我不知道原因是什么。但是，我很清楚，以我的怒气来回应他的怒气，对解决问题一点帮助也没有。因此，我决定保持冷静。等过一会儿，我会请人帮助我找出哈博对我不满的原因和我应该采取的适宜举动。"

章后实践指导

一、辨识、承认或处理你的愤怒,对你来说有困难吗?

二、在你的家庭人际关系中,上述情况如何表现出来?

三、本章指出:光是表面的宽恕、说"没关系"是不够的,必须承认且接受你的愤怒,才能真正宽恕。你认同这观点吗?

四、假如认同"愤怒的感觉是正常的"对你来说是新的经验,那么当你自然而然想忽视或搪塞愤怒的感觉时,你要如何提醒自己这是正常的?

五、未经处理的愤怒,会逐渐生出毒根,产生埋怨与仇恨。想想看,你对谁怀有怨恨?(假如你不确定对谁怀恨,那么当你看到谁或想到谁时,会引起你愤怒或其他压抑的情绪?)

六、未经处理的愤怒和随之而来的怨恨,如果没有在意识的层面加以确认和处理,就会变成苦恼和怨恨。你愿意表达目前深藏内心的愤怒和怨恨吗?如果愿意,你会采用下列哪一个方法:
- 写下你真正的感受。

- 和值得信任的朋友分享你的感受。
- 把你的感觉大声对自己说出来。
- 写一封信给对方（但是"不能"寄出去）。

七、什么情况下，你会因为觉得罪恶而隐藏你的愤怒？（例如：你觉得"没有权利生气"时）是谁让你觉得你没有权利生气？

八、什么情况下，你会因为害怕而隐藏你的愤怒？如果表达了愤怒，你怕会发生什么事？

九、有些在功能失调家庭中长大的人，会否定他们的感觉。"好的感觉"得到认可、可以表达；"坏的感觉"就会受到压制。请用1～10为下列感觉评分（1表示完全不能接受，10表示完全可以接受）：

（　　）害怕　　（　　）沮丧　　（　　）伤痛
（　　）悲伤　　（　　）愤怒　　（　　）快乐

十、虽然所有的情绪都是人类的一部分，但是，表达情绪的方式分为可接受的和不能接受的两种。有哪些可接受的表达方式是你从前以为不能接受的？

十一、你愿意许下承诺，不再刻意压抑你的愤怒，而是面对愤怒，用建设性的方式表达出来吗？

十二、要学会承认愤怒，并用适当的方式表达，这是需要练习的。这里有个好方法，就是对信任的人说出你的感觉，而不立刻向惹你愤怒的人表达。在采取任何行动之前，有没有信任的人与你讨论你的愤怒？他是谁？

十三、本章指出人们在回应愤怒时常用的四种方法。哪一种最像你常用的？

1. 压抑情绪。

2. 立刻对惹你生气的人大发脾气。

3. 你感到愤怒，但是决定不立即发作。

4. 向你所信任的人承认愤怒的情绪。

第3和第4是处理愤怒的健康方法。想想看，你要如何开始用健康的方式去回应呢？

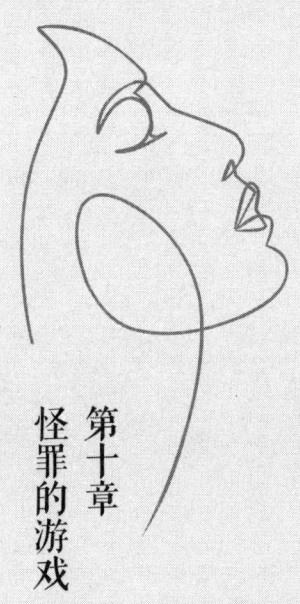

第十章 怪罪的游戏

当我们的精力全花在怪罪他人身上时,事实上我们是在所怪罪之人的控制底下。

"但愿她获得应有的报应。"当马姬的口中吐出这样恶毒的话时,我着实吓了一跳。马姬所指的"她",是她的孪生妹妹马莎。这两姐妹已有三十多年不相往来了。

起因要回溯到她们单身的时期。当时,这两姐妹年轻、貌美,颇具吸引力,有许多男友围绕身旁。马姬与一位名叫杰夫的男子约会。就在她认真考虑要与他继续交往时,杰夫突然中断了他们的关系,转而与马莎约会。马姬对于妹妹的横刀夺爱极为愤恨。

最后,杰夫与马莎决定结婚。马莎希望马姬当她的伴娘,但是马姬断然拒绝,甚至连婚礼都没去参加。从那时起,马姬将一生中所遭遇的不幸、失望与挫折都归咎在她的妹妹身上。"她偷走了我唯一的爱人。"这是三十年来马姬一直挂在口头上的一句话。

我认识马姬许多年了。她满腹牢骚,充满怨恨,很难相处。我劝过她很多次,翻三十年前的旧账是徒劳无益的。但是,她一口咬定,马莎是她一生的祸源。"只有当她承认自己的错误,为毁了我的一生向我道歉,我才会原谅她。"马姬说。然而,她没有给自己和马莎谈话的机会。她戴着妹妹背叛她的眼镜来看人生,一辈子无法跳脱这个框框。

当我最后一次看见马姬时,她患了胰脏癌,躺在医院中,即将离世。她愤然拒绝妹妹的探望。"我这一生的痛苦都是她造成的，但愿她的良心受尽折磨，"马姬说，"得到她应有的报应。"

马莎最后没有去医院探望，但却参加了葬礼。"我尝试了许多次想要与马姬和好，"她对我说，"也许我真的抢走了杰夫。其实，与对方的男友调情这个游戏，我们已经玩了好多年。我们彼此都这么做。但是，当我真正与杰夫相恋时，这就不再是个游戏了。从那时起，马姬就恨我到如今。我猜是因为她觉得我最终赢了这场游戏。她向每一个愿意聆听她的人说，我并不是真正爱杰夫，她才是。"

有多少人就像马姬一样，在复仇的烈焰当中消磨一生？我们都知道"以牙还牙，以眼还眼"的古谚。许多人受到冒犯时，唯一解决的方法就是惩罚冒犯者。值得注意的是，即使有罪的一方受到了惩治，受屈的一方仍旧不得安宁。受冒犯的回忆并没有消失，反而成为痛苦之源。苦恼和仇恨不断地萦绕，愤恨之情伺机而作。

有时，受伤害的一方在不自知的情况下，将自己的失败挫折都归咎于他人。他们变得易怒、敏感。他们的朋友——在还有朋友时——发觉他们越来越难相处。最后，仇恨剥夺了他们自身的自由。他们的一举一动都充满了怨恨，仇恨的毒素渗透他们整个人。这是怪罪游戏无可避免的结果：玩这游戏的人最终必成为输家。

你是否注意到责怪他人是很称心的事？这是为什么我们会这样做的原因之一。大部分的人不得不承认，责怪他人能获得一种恶意的快感。我们甚至会将"他人如何得罪我"的故事和一些值得信赖的人分享，以增加他们的了解与同情。实际上，我们扮演值得同情的一方，把焦点集中在我们的痛苦和仇恨上，以委屈的角色自娱。

有时，我们以责怪他人来逃避受罚的恐惧，或避免尴尬和承担责任等等。我们每个人都有强烈的自我保护意识。

追根究底，责怪他人的倾向可能源自我们自认清白无辜的基本信念。难道不是吗？表面上我们不说，但是内心深处却自以为我们是正直、诚实和正确的。当事情出错了，必定是他人犯错，绝对不关我们的事！

"我必须归咎于某人"

我们发现，童年受虐的成人有一个值得注意的现象。他们会强烈地想要归咎于他人。在童年的运作模式里，大人总是强而有力，而且似乎"永远是对的"，受虐儿童无可选择地只有将过失都归咎在自己身上。

但长大后，他们很快就接受一个事实，童年时他们不过是无辜的孩子，无法选择或防止发生在他们身上的事。"在这一生中，我头一次了解，我无须为世上发生的所有问题担责"。

一位女士说："过去我感觉我必须归咎于某人。我无法怪罪成人，毕竟他们是成人。因此，唯一怪罪的对象就是我自己。"当他们了解这个事实后，常常报复性地想要怪罪他人。有些人习惯于把每件事都归咎于他人。一个名叫杰瑞的人，回忆在他成长的家庭中,每件事情都可以看作是他人的过失。他记得有些日子,他们渴望晴天,却偏偏下雨了。那时,他的父亲就说:"今天甚至连老天都与我们作对。"杰瑞长大后,对于"负责"这件事感到混淆不清。若是他自己未曾犯错,他就必须将控诉的矛头指向他人。

然而,从较成熟的处世观来看,世上之事并非尽如人意。有些失望挫折、未如预期的发展和计划的更改,并不是单单可以归咎于某人的。接受事实,不要老是怪罪他人,是人格成熟和情绪健康的重要因素。

苦恼和怨恨之路

我们总想归咎于他人。当我们受伤或以为受伤时,我们就有一种想要怪罪(通常是他人)的倾向。但是,我们越归咎,就越踏上危险的苦恼和怨恨之路。这条路不会引领我们通往健康快乐,反而是通向更深的沮丧。

最近,我看见一个故事,显示出走上苦恼和怨恨之路是何等的不幸。高德森(Leonard Goldenson)在美国广播公司(ABC)所表现的温文儒雅是有目共睹的。然而,很少人知道他与法兰克·辛纳屈(Frank Sinatra)交恶的情形。在《痛击怪人》(*Beating the Odds*)一文中,高德森陈述他的理由。

"当时法兰克·辛纳屈的事业正跌到谷底。他刚刚拍完《乱世忠魂》(*From Here to Eternity*),但还要好几个月才会上映。当时没人晓得那出戏会使辛纳屈一炮而红，登上超级巨星的宝座。

我问他：'辛纳屈，你还有钱吗？'

他说：'没有。'我说：'我希望你加入美国广播公司。'于是，我们共组一个发行公司。我相当看好由辛纳屈来主持一个音乐综艺节目。"

《乱世忠魂》一片出人意料地成功，使得辛纳屈荣获奥斯卡金像奖。他对电视节目顿时失去兴趣，他们签订的计划也因此延宕。高德森飞往拉斯韦加斯，想与他商议制作特辑的事，等了三天却连面都没见到。

"我亲笔写了一封信给他。'我这一生中，从未受过如此待遇，'我写道，'对于爽约的人，我丝毫不敬重。当你际遇不佳、身无分文时，我们尽力想帮助你东山再起……我今后不想再与你有任何瓜葛。'"

1954年之后，两人没再说过一句话。[1]

从这段陈述看来，就辛纳屈这件事来说，高德森充满了怨恨。显然，他为错失良机责怪辛纳屈。假设辛纳屈有一天打电话给高德森，对他说："你知道吗？高德森，你是对的。我那样做是不对的。"高德森会觉得好过些吗？也许吧。然而，这样短暂的满足时刻，值得用三十五年的怪罪和埋怨来换取吗？我相当怀疑。

---

1. 本文刊于1991年2月27日《今日美国》(*USA Today*)。

宽恕之路

许多心理学家会开玩笑说,我们只要将所有问题归咎于他人就成了(那个人通常是妈妈)。我有时向一些人说:"假如你想玩怪罪他人的游戏,我可以提供一个快速的玩法。你想知道为何你有这些问题吗?因为你的母亲。那为什么你的母亲对你这么坏呢?因为她的母亲。那么她的母亲问题出在哪里呢?这还用说吗?当然是她母亲的母亲啰!"

> 这是"谁先开始"的游戏——寻找始作俑者,目的是要这位肇事者为双方接下来的行为负责。但是,我们发现,这类互动关系事实上是一种循环不息的舞曲,一方的行为牵动、刺激另一方的行为。循环舞曲无始也无终。到最后,谁先开始已无关紧要。更重大的问题是:"我们如何打破这个循环?"
>
> ——《生气的艺术》[1]

怪罪的游戏是永无止境的。它唯一证明的是,我们全都是有瑕疵、不完美的人,生活在一个有瑕疵、不完美的世界里。所以,为何要玩这样的游戏呢?何不从苦恼和怨恨的路上转向宽恕之路呢?

怪罪的游戏阻碍我们解决问题,反而使我们深陷泥沼。即使

---

1. Harriet Goldhor Lerner, *The Dance of Anger*, New York, NY: Happer & Row, 1985, 56. 中译本:勒纳,《生气的艺术》,罗竹茜译,远流出版事业股份有限公司。

我们是对的,归咎于其他人也不能解决问题。想一想:当我们的精力全花在怪罪他人身上时,事实上我们是在所怪罪之人的控制底下。那人的影像成为我们整个生命的焦点。伤害并不会因为我们确认出谁是"祸源"而消失。只有当我们完成宽恕的过程,伤害才真正获得医治。

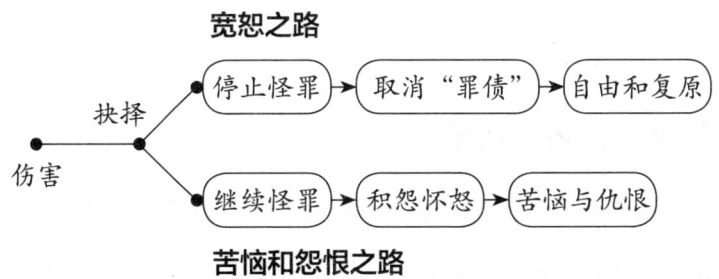

有些人不自觉就成了怪罪者。他们自以为在为自身的行为负责,哪知却是话中带刺,使得"我错了"听起来就像"这全是你不对"。比如说:"老婆,很抱歉昨晚对你大发脾气,"一位丈夫说道,"因为你没有照我要求的把晚餐准备好,所以我很难过。"

检验自己是不是个"不自觉怪罪者"的方法,就是注意"你如何如何"的句子,是否悄悄地潜入以"我"为主的句子中。

"因为你……,所以我很不高兴。"

"若不是你……,我也不会说出那番话。"

"假如你不拖拖拉拉,我就不用超速送你去车站,也就不会被开罚单了。"

另一个有趣的现象是,明明是我们的错,我们也心知肚明,但是偏偏怪罪他人。"我想我不应该那么做。但是,都是他惹的。

他自以为高人一等",或者"我不应该那样对待他。可是他实在是太不懂事了!每个人都这样说"。

在"每个人都这样说"的原则下,决定某人理当受到不好的待遇,事实上就是将我们自己的错误行为合理化。他人"理当"受到什么待遇,不是我们能够决定的。我们的职责是为自己的行为负责。

承认事实,还是怪罪?

在第七章,当我们讨论"宽恕与忘却"这个主题时曾提到,厘清"谁得罪过某人"是宽恕过程中的关键一步。试着忘却我们曾受过的痛苦,或者假装这些事从未发生过,只会引导我们走入死巷。我们需要承认事实并接受曾发生在我们身上的痛苦经历。

但是,"承认事实"与"怪罪"之间,有什么分别呢?

"怪罪"是把本来应由我们承担的责任转移到他人身上,或者利用他人的罪过作为借口,使我们不以健康的方式回应所遭遇的事。

实在来说,宽恕过程中的早期阶段"承认事实"感觉上与"怪罪"十分相似。的确,我们需要花一点点时间归咎于他人。当我们处理童年时期的伤痕时,通常会将罪咎归在自己身上。若是我们要适当地经历宽恕的过程,就需要把归咎于自己的倾向平衡一下,找出真正该责怪的对象。我们需要看清,过去所发生的事并非我们的错,我们不过是他人的牺牲品而已。

然而，怪罪是很容易走偏的。假如我们不够小心，很可能就会成为一个"怪罪者"。因此，我们最好不要独自经历宽恕的过程，我们需要有智慧又可信赖的辅导师。在此阶段，我们需要找出归咎的对象，得出一幅精确的事实画面。如此，我们的宽恕才能实在地扎根在现实中。做到这点后，我们就不再追究，而是开始要为我们的复原承担起责任。

罗姐形容自己患有"严重互相依赖症"（flaming code-pendent）。互相依赖症指的是一种趋向毁灭性的生活形态和情感模式，这是长期生活在受压抑的环境下所发展出来的。通常，这种人与"依赖"酒精或药物的人，或者在某些方面严重失常的人很密切地生活在一起。那些失常者的生活因依赖之物而变得无法掌握，互相依赖者的生活也因着要配合那些人而变得无法掌握。[1]

当罗姐的丈夫开始严重酗酒时，她采取互相依赖者的典型态度，亦即成为一个照顾者或有能力的人。她帮酗酒的丈夫收拾烂摊子，但这样反而使他持续酗酒。若是他喝得酩酊大醉，第二天无法上班，她便打电话去公司找借口为他请假。她想尽办法向孩子隐瞒他酗酒的事实。她使他的生活变得容易过些，以为这样就是爱他、帮助他。

然而，他却一点也不领情，甚至没有注意到她为他所付出的一切。反之，时日越久，他对罗姐的态度越加恶劣。甚至一口咬定他会酗酒全是她的错。"假使你的菜煮得好吃一点，"他粗暴地

---

[1]. Robert Hemfelt, M.D., Frank Minirth, M.D., Paul Meier, M.D., *Love Is a Choice*, Nashville, TN: Thomas Nelson Publishers, 1989.

说，"我就不会喝那么多酒了。"或说："你是个蠢女人，我只有这样喝酒才能忍受与你一起生活！"

最悲哀的是，罗姐竟然信以为真。十四年来，她就生活在这种情况下，认为丈夫的酗酒全是她的错，丈夫这样对待她是她罪有应得，她丝毫不配过较好的生活。她的丈夫学到玩弄怪罪的把戏，她则注定是一个输家。

罗姐从互相依赖者的角色得到释放的重要一步是，认清并相信她并非丈夫问题的根源。她并不蠢，她煮菜的技巧与她丈夫的酗酒一点关联也没有。他喝酒无关乎她的所作所为，他喝酒纯粹只因他是个酗酒者。坦白说，他是一个身心失常且有虐待倾向的人，对罗姐造成了极大的伤害。

罗姐需要接受事实，了解自己并非该受责备的对象。这并不是说她无须负任何责任，可以反过来玩怪罪的游戏，将她的问题全归咎于丈夫。罗姐在如何回应所遭遇的事和如何过一个健康丰富的生活上，仍有许多需要学习的地方。总之，我们的目的不是要将怪罪的对象转移，而是要让怪罪的游戏止息；不是要表明她的丈夫是一个恶人，而是去承认并接受他曾经做过的事实，以便她能宽恕他。

事实上，罗姐的情形，就严重互相依赖症的案例来说，算是轻微的。也许，互相依赖者的主要问题是"将不是我们所犯的过错一肩承担"的心态。有些人受责打，被强暴，遭羞辱，受饥寒，被谩骂，在各种方式上受虐待，然而却自认："这全是我的错。我做错事，才惹他发怒。假如我安静些，或者他叫我时，我反应快些,或者当他进来时,我察觉到他心情不好,事情就不会发生了。"

对于这些人来说,最重要的是,了解这一切并非他们的错,而是其他人造成他们的痛苦。在进一步宽恕施加伤害的人之前,这是首要且不可或缺的一步,也是通往自由、健康和健全的唯一之道。

俊秀过人的男孩

狄克长得非常俊秀。童年时他曾遭受教会执事的性骚扰,一直持续到他12岁那年。不久之后,邻近一位较大的男孩也侵犯他,也持续一段时日。

狄克的问题是,他将所遭遇的事都归咎在自己身上。"你看看我,"他说道,"我使得那些人想要侵犯我。我一定是传出了一些错误的讯息。我的意思是,假如我不是生得那么好看,他们就不会对我有兴趣了!"

我一再地向他说明:"狄克,这与你的长相无关,也与'传达什么不好的讯息'无关。你是一个受害者,是他们在利用你。他们的确伤害了你,而这绝不是你的错。"

最后,狄克终于能够接受所发生的事实,也能将责任的归属划分清楚。"他们强迫我做一些我不想做的事,是吗?"他问道,"我的意思是,就算我是世上长得最俊秀的孩子,这仍然是我自己的身体。他们没有权利做那些事情,对不对?"

这层认知与接纳是非常重要的起步,但我仍需要给他一些忠告。"狄克,"我说,"事情不是到此就结束了。你的确是个受害者。

但是，你无须一直做一个受害者，你也不应该如此。你必须继续向前迈进，直到你从自责与苦恼怨恨的情绪中完全释放为止。"

以客观、真实的方式，划分清楚过去伤害的责任归属，并让伤害成为过去，这需要花费时间和心血。

对于任何人来说，都不易说出以下的话："发生在我身上的事，已经发生了。伤害我的人，也的确对我造成了伤害。我无法改变事实，但是，我却可以接受这个事实，也可以自己决定该如何回应，如何继续我的生活。"若是我们不想再玩怪罪的游戏，而是认真面对宽恕的过程，我们就必定要做到以上所说的。

> 假如你是一个在功能失调家庭长大的成人小孩，脑海中必时常浮现出被怪罪的话语。你对自己说：过去所发生的事一定都是你的错。这不是一个合理的控诉，也丝毫不能减轻痛苦的程度。
> ——《承受我们痛苦的孩子》[1]

"我"与"你"的陈述句

之前，我们看见怪罪游戏的一个现象是，原本以"我"为主的陈述句，却悄悄地转变为以"你"为责怪对象的句子。使我们免于怪罪习惯的方法之一，就是戒除上述的表达模式。我们可以学习陈述自己的感受，而不使用"你"这个字。

---

1. Robert Hemfelt and Paul Warren, *Kids Who Carry Our Pain*, Nashville, TN: Thomas Nelson Publishers, 1990, 162.

"我今天的心情很差。"

"我不该说那句话的。"

"被开罚单是我的错。我开得太快了。"

"现在,我感到非常生气。"

"发生这件事,令我很受伤。"

"现在我觉得很没有安全感。"

"我很生气。我需要冷静一下,暂时不去想这件事。"

上述这些句子很容易就伴随着"你"字出现。我们迟早需要评估他人在造成困难的原因里扮演什么角色。但在此阶段,避免使用"你"字,可以防止我们无谓地怪罪他人。并且,也使我们以和平、有效的方式来处理整个情况。

倾吐我们的痛苦

我们该如何处理痛苦的情绪呢?怪罪的游戏是将我们的苦恼怨恨传播给其他人,使自己显得是受委屈的一方。但更好的方法是,我们可以向能给予帮助的人倾诉我们的痛苦。有时,单单晓得有另一个人了解我们的感受,就可使得伤痛略微减轻。

我还记得肯特来看我时,显得心事重重、痛苦不堪。他向我倾吐他当时的情绪有多坏。等他足足讲了半个钟头后,他停下来看着我。"你知道吗?"他说,"我现在感觉好多了。"何以如此?我并没有给他什么一服见效的药片。他只是向我倾诉他的痛苦,而我也只是聆听而已。看起来这似乎是微不足道的动作,但是,倾听——以温柔、同理心、同情的态度倾听——有意想不到的疗效。它似乎可以清除蓄积在我们里面的毒素。

走在宽恕这条路上，常需要与我们所信任的人倾吐心中的痛苦。有时，我们的担子太沉重，甚至无法继续前行。然而，倾吐我们的痛苦，却可以使得担子变得轻省。我们不都需要一些人（或一个小组），在我们有需要时陪伴我们？在路途艰难时，以耐心和智慧与我们同行？我们难道不应彼此倾诉、一路扶持？

宽恕这条路有许多步骤。学习不怪罪他人可以使我们行走在大道上，而不偏向苦恼和憎恨的歧途。

章后实践指导

一、接受事实,而不是总怪罪他人,是人格成熟和情绪健康的重要因素。

    1. 生活中发生了不如意的事,你是否习惯于怪罪他人?

    2. 怪罪他人往往是为了掩饰害怕。究竟是什么让你害怕到要找个人来责怪——是处罚、困窘、责任,还是其他原因?

    3. 你能接受"有时候,事情就是发生了"吗?还是你一定要找个人来怪罪?

    4. 你需要与谁脱离怪罪的"循环舞曲"?

二、你复仇的欲望有得到任何克制吗?还是永远无法被满足呢?你如何克制自己复仇的欲望?

三、你可以做些什么事,以让自己用适当的观点来看待你生命中那段不好或令人失望的时光?

四、想想看,以下两者的区别是什么?
- 怪罪。
- 记得过去所受到的冒犯,承认曾发生的事实,然后指责。

五、凭着经历下判断,怪罪在他人身上,可曾帮助你解决这个问题、脱离痛苦?

六、想想看,为什么宽恕对你是好的——即使冒犯者可能不值得宽恕?也请想想,如果停止为目前的处境怪罪他人,对你有什么好处?

七、如果你发现自己陷在怪罪他人的模式中,你愿意寻求专业的帮助,以使你停止怪罪,开始为自己的生命负起责任吗?

八、参看第239页的图,你觉得自己正走在哪一条路上?你走到哪个路段了呢?

九、"互相依赖症"指的是一种毁灭性的生活形态和情感模式,这是长期生活在压抑的环境下所发展出来的。
1. 请描述"互相依赖者"有何特性。

2. 在你的生活中,是否有个"互相依赖者",因为他的互相依赖行为,而使你的不健康模式继续下去?

3. 如果上一题的答案为"是",你愿意做些什么,以使你和他的关系成为健康的关系模式?

十、我们都需要一些朋友,在有需要时陪伴我们,在路途艰难时,以耐心和智慧与我们同行。

1. 你愿意练习用以"我"为主的陈述句,而非以"你"为主的陈述句,来谈你的感觉吗?如果愿意,有没有合适的朋友能帮助你检视说话的方式?

2. 你会与谁分享你的感受和困扰?他们是加入同情你的行列,还是帮助你走上宽恕之路,让你为自己的生命负起责任?

3. 他们如何帮助你脱离怪罪行为(或加入你的怪罪行列)?

4. 你要怎么改变你的人际关系,不再怪罪他人,并选择不会鼓励你怪罪人的朋友?

第十一章 冲突、报复与和好

宽恕与和好是不同的两回事。宽恕是单向的，我们凭自己就可以完成；和好却需要对方的配合。

孩提时期的梅尔对父亲有两个印象。首先,在他的记忆中,父亲很冷漠,几乎沉默不语。父亲只要一开口,就是数落他的不是。梅尔对父亲的第二个印象,就是他喝得烂醉的模样。喝醉时,他有时会开怀大笑,说些有趣的故事;有时却又狂怒、暴躁,殴打梅尔出气。梅尔从来无法预测他会受到什么待遇。

多年之后,梅尔长大离家。他感觉自己需要从父亲带给他的痛苦记忆中走出来。经过一番挣扎,他逐步经历宽恕的过程,也能够取消对父亲紧握不放的情感"借据"。最后,他终于能说出"我原谅他"。

接着,他决定踏出看来顺理成章的第二步——与他的父亲和好。发现自己得以从过去的阴影中释放,是一件好事,但梅尔不以此为满足,他还想更进一步——与父亲恢复关系。他千里迢迢地赶回家中,与父亲相聚。"爸,"他说,"我们能聊一聊吗?"

梅尔的父亲一言不发地在他心爱的座椅前坐下。梅尔拉了另一张椅子,面向父亲坐着。接下来的三十分钟,梅尔向父亲诉说他成长过程中郁积的愤怒与伤害。他没有控诉他的父亲,也刻意避免评判父亲的行为。他只提到他自己,简要、客观地叙述他自己的经历,并表达他渴望有一个新的开始。

最后,他倾身向前握住父亲的手。"爸,"他说,"我已将我所有的愤怒和伤害撇在一边了。请原谅我在许多方面令你失望。我一直想做一个好儿子，使你以我为荣。这正是我目前所渴望的——让我们成为真正的父与子吧。"

梅尔的父亲在整个聆听的过程中未发一言，也没有任何的表情。当梅尔说完时，他父亲从座椅上起身，注视着梅尔，点着头说："嗯……"接着转身走过客厅，进入他自己的卧室，静静地关上门。那夜，他没有跨出房门一步，甚至第二天梅尔离开前，都没再出来。

几个月后，梅尔的父亲中风，在梅尔赶到前两小时离开人世。

在回顾他想与父亲和好的那一幕时，梅尔说出了他的困惑。当他离开父亲的那一天，他对于父亲如何看待他所说的一番话丝毫没有概念，他也不明白父亲对他们之间的关系及对他个人的看法是什么。他的父亲没有给他任何回应。

"他为何那么做？"梅尔说，"我到底哪里做错了？"

"我们试试问另一个问题。"我提议，"你找他谈话时，你期待什么事发生？"

"期待？"他耸耸肩说，"我不晓得我期待什么。我想我并没有什么期待吧。"

"真的吗？"我回答说，"如果你没有什么期待，那为何会感到失望呢？"

梅尔沉思了一会儿，接着颠三倒四地说，他期望道歉，期望父亲至少能有些许回应。他曾希望他的父亲说："我爱你。"或至少说："我原谅你。"但或许他更希望他的父亲能说："请原谅我。"

"现在，他走了。"梅尔极度伤感地说。他已宽恕他父亲了，然而却不能与父亲和好。人生当中有许多必须接受的可悲事实，这就是其一。长久以来，梅尔一直以为是自己的错，为此自责不已："假使当时我对答合宜，或者谈论得当，我一定能与父亲和好的。"

"唯一的错误是，"我告诉梅尔，"你将两样不同的事混为一谈了。宽恕与和好是不同的两回事。"

两种不同的过程

宽恕与和好是不同的两回事。清楚两者的分别是非常重要的。宽恕是单向的，我们凭自己就可以完成；和好却需要对方的配合。不论我们多么努力，都不能单凭自己"制造出和睦"。

宽恕与和好是两种不同的过程。只有宽恕而未能复合是可能的。经历宽恕的过程对我们自身的幸福十分重要，是我们应该尽力追求的。和好对我们而言也价值非凡，只要有和好的可能就应极力掌握。然而，它却常常不在我们的掌握之中。

梅尔就是在这点上卡住了。他认为他对父亲的宽恕并不完全，因为他与父亲还没和好。但他们根本没有建立彼此相爱的关系，甚至连彼此尊重都谈不上。他将宽恕与和好的过程混淆在一起了。

我向梅尔指出，若是他一直持守这种观点，他的父亲就能继续以此指责他，即使在坟墓里也不罢休。梅尔需要了解的一点是，宽恕与和好是两件不同的事——虽然他未能与父亲和好，但是他已经完完全全宽恕他的父亲了。

梅尔的情形十分普遍。我发现自己经常听见一些人描述自己在宽恕方面的挣扎（尤其是宽恕自己的亲人）。他们对于目前的关系感到非常受挫。"宽恕了又怎样？"他们会喃喃自语，"现在我已经宽恕他了啊，为什么我们还是合不来？"事实上，他们一直以为，对方拒绝和好，就会使他们的宽恕"失效"。不过，宽恕之道并非如此。

我常这么解释："你与他们的关系如何是另一回事。若有兴趣，我们可以待会儿再谈。现在，我只想让你明白：你真的已经宽恕他们了。你已经做了你需要做、能够做的事。你已经取消了'债务'，除去了使你内心无法平静的障碍。我知道你还没有和他们言归于好。但是你已经宽恕他们了。这是不变的事实。"

"不过我还是无法和他们交谈，"有位叫吉儿的女人反驳道。几年前，因为她染上严重的毒瘾，她的父母和两个姐姐与她反目。不过，从那以后，吉儿改邪归正，戒了毒瘾，也完成了学业。如今，她在广告公司任职，工作勤奋，并在三年前结了婚。"我是说，他们根本不让我有说话的机会，"她继续说道，"我打电话去，他们一听出我的声音，就立刻挂掉。我写去的每封信，都被标上'退回原址'。我真不知道该怎么办。"

"你宽恕了他们吗？"我问道。

"嗯，可以这么说吧，不过……"

"那么你已经做了你能做的了。"我说，"你的任务是宽恕。这是你能控制的。至于'复合'就需要他们的配合了，但目前看来，这似乎是不可能的。就我所知，这是你无法改变的。不过这并不代表你还没宽恕他们。事实上，你已经宽恕他们了！"

吉儿了解了。她继续期盼（我也衷心期盼），有朝一日，娘家的态度会转为温和，开启复合的那扇门。目前，她能做的，就是每当苦恼、愤恨升起，或者感伤亲情不再（至少对她是如此）时，她能努力走过宽恕的过程。

双向道

言归于好是条双向道，双方至少要在某些方面能够"同步"。唯有当双方都有意和好，亦即双方都承认自己的过失、理清自己的情绪，并致力于悔过与宽恕的过程，复合才可能发生。你做好你的本分，并请求我的原谅；我也做好自己的本分，并请求你的原谅。那么我们就能言归于好。

在《圣经》著名的"浪子回头"故事中，小儿子拿走自己那份产业，远离家乡，到遥远的城市去，把所有的钱挥霍一空。就在他一文不名、又饥又渴时，他好不容易下定决心，要回家去，与家人和好。他伤心痛悔地哀求父亲接纳他："父亲，我得罪了天，又得罪了你；从今以后，我不配称为你的儿子，把我当作一个雇工吧！"

显而易见，这个年轻人已经改过自新。不论当初他对老父的不满是什么（起初促使他离家出走的原因），显然都已完全解决了。他把原本认为父亲欠他的"债务"，一笔勾销，并来到父亲面前懊悔改过，寻求复合。这位父亲如何反应呢？他似乎也把儿子欠他的全部予以注销。"相离还远，他父亲看见，就动了慈心，跑去抱着他的颈项，连连与他亲吻。"这真是"悔罪、宽恕与复合"的经典写照啊！

这时，第三个角色——大儿子上场了：

> 那时，大儿子正在田里。他回来离家不远，听见作乐跳舞的声音，便叫过一个仆人来，问是什么事。仆人说："你兄弟回来了，你父亲因为他无灾无病地回来，把肥牛犊宰了。"
>
> 大儿子却生气，不肯进去。他父亲就出来劝他。他对父亲说："我服事你这么多年，从来没有违背过你的命令，你并没有给我一只山羊羔，叫我和朋友一同快乐。但你这个儿子和娼妓吞尽了你的产业，现在他回来了，你倒为他宰了肥牛犊！"
>
> （路十五 25～30）

与父亲相比，哥哥是一种轻蔑并拒绝复合的态度。他显然仍对弟弟的花天酒地愤恨不已；对于父亲盛大欢迎弟弟回来的行为，似乎也满怀苦恼和怨恨。随着故事的发展，我们看到这位父亲试着向大儿子解释，他为什么会原谅小儿子，努力要和大儿子恢复关系。就我们看来，大儿子根本不愿意和父亲、弟弟复合。

> 与亲戚或朋友失和，常能因着咽下自己的骄傲、率先提出复合而恢复关系。即使我的过失很少，但率先表示友善是对我有益的。
>
> ——《一次一日》[1]

---

1. *One Day at a Time in Al-Anon*, New York, NY: Al-Anon Family Group Headquarters, Inc., 1987, 175.

复合是条双向道。在大儿子与父亲的案例中,只有单方面的宽恕,因而复合无望。父亲与弟弟都从苦恼、愤恨的牢狱中得到释放,只有大儿子仍困在其中。

爱的形式

宽恕的极致就是爱,亦即按着他人本相接纳他们。而对他们的体恤,乃是出于我们对自己的认识,知道自己也有软弱、过错与破坏的天性。

正如稍早提过的,知道自己得罪了他人就必须道歉,也必须完成悔过的过程。但,这绝不能流于"赎回"复合的一种形式。这种人可能会很想做些近乎不可能的补偿行动,或希望受到不健康的责罚,好像如此一来,他就能赚取宽恕。弥补过失是正确的;但是,补偿绝对无法赚取宽恕。宽恕,白白付出,是种爱心的举动;白白接受,则是种谦卑的行为。

他人免费给我们的,我们无法用钱购买。宽恕与复合最美之处,乃是两者都是发自内心、不求报偿的行为。若我得罪某人,而他宽恕了我,为我打开复合之门,我唯一能做的,就是接受。这的确相当困难。接受无条件的爱,可能会使我们更深刻体会到自己的失败或行为的错误。我想,梅尔的父亲之所以无法接受儿子复合的提议,可能就是这个原因。从这个例子中,我们看到,拒绝接受对方的宽恕与爱,将导致双方无法复合。复合乃基于彼此接纳。

复合不仅需要彼此宽恕，也需要彼此接纳。接纳的先决条件是：

- 双方都能接纳自己。
- 双方都愿意承认自己的过失。
- 双方都盼望修复破裂的关系。
- 双方都愿意放弃为自己辩护。
- 双方都愿意放弃惩罚对方的想法。
- 双方都了解，接受无条件的宽恕之爱并非易事。

缺乏宽恕的复合

我们曾提到，宽恕而无复合，是可能的。顺便提一下，我们应该也注意到，"复合而无真正的宽恕"也是可能的。请看下列这些例子：

- "忽略"他人所带给我们的痛苦。
- 否认我们已经受到伤害。
- 为他人不能原谅的行为找借口。
- 害怕直言相告会失去友谊、破坏关系。

"和太太和好还不容易？"有个先生告诉我，"我做过好几十次了。我只要承认我就是她说的那个恶兽，也接受她对我一切的指责就行了。就是这样，立刻没事。"

"结果却导致你的自尊受损。"我说道。也许是受伤太深，他缓缓地点了点头，不发一言。

再举个例子：你在某事上伤害到我，使我非常难过。事后我去找你，告诉你我的痛苦。但我立刻又接着说："我知道你不是故意要伤害我的。只要我不那么敏感就好了。"结果我反倒向你道歉！

真可笑！然而许多人都这么做，而且常常如此。传统的教导是：为了和睦，我们必须不计代价，甚至否认真相，或者伤害自己也在所不惜！

用这种方式来"复合"轻而易举！但事实上，这样做所产生的结果，根本不是真正的复合。复合必须由宽恕开始。在恢复关系之前，双方都必须先宽恕对方。稍早我们提及"表面的宽恕"。现在我们可以看到，表面的宽恕只会带来复合的假象。

"突击"父母的女儿

丹尼和邦妮去东部看望女儿珍。到了东部，珍问他们可否和她一起去见她的心理治疗师。丹尼和邦妮虽然不太确定到底是怎么一回事，他们都不知道珍在看心理治疗师，不过他们还是同意了。

"那是我所碰到最可怕的事，"邦妮事后告诉我，"现在我知道什么是'给父母致命的一击'了。珍和她的治疗师给了我们重重的一击。"

事情的经过是这样的：珍知道父母要来的消息后，就告诉了她的治疗师。治疗师对珍说，这是她把对父母的感受全盘托出的绝佳时机。珍兴高采烈地筹备了一个多月，写下她记忆中对爸妈的每个不满。之后，又和治疗师一起讨论那份记录。

我不知道他们有否停下来考虑一下，这样做会产生什么后果，或甚至是，他们想要怎样的后果。

事实上，结果是丹尼和邦妮受尽嘲讽，伤痛不已。他们当然愿意承认自己并非完美的父母，甚至也承认曾经做过使子女受到伤害的事。对于珍提出的许多事情，他们都了解，也真心为因教导、养育而导致子女受伤感到歉意。

但是，那次与珍及治疗师的会谈，似乎使珍的愤怒更加严重，而非减缓。这使丹尼和邦妮不知道该如何对待女儿。他们原想在探望期间都住在珍的寓所，但就在搭机前两天，他们不得不搬进一家旅馆，因为又和女儿爆发了一场充满愤怒、声泪俱下的冲突。临行前，他们心中暗忖，可能再也无法和女儿共享天伦之乐了。

一旦谈论到"复合"，我们势必得面对"对质"（con-fronting）这个主题。有些人认为对质相当重要——甚至比宽恕本身更重要。我们的想法是，有些重要的议题需要在两种观点中取得平衡。

无可否认，把隐藏的事讲出来，好好面对，这是相当重要的。所有被自己再三否认、压抑、埋至心底的家庭秘密、传闻、使人严重受创的行为……，若能直接去找相关的当事人开诚布公地讨论，问题通常都能获得相当程度的解决。

不过在对质之前，我们必须思索自己的动机，以及采取行动之后可能导致的后果。针对动机而言，我们必须除去任何报复、雪耻、幸灾乐祸、恶毒的念头。稍后我们会详加讨论。

至于后果，我们必须想象对质所产生的结果：能改善情况吗，还是会使事情恶化，因为把对方无法承受、不适当的压力加诸对方，而使本已紧张的关系宣告破裂？简而言之，究竟对质是会促进还是阻挠宽恕及复合的机会？

大多数人在想到与他人对质时，都只想到自己。他们想要抬头挺胸，把伤害自己的人好好"数落"一番。他们将对质视为一种独立宣言，让自己脱离过去情绪上的捆绑，借机对全世界宣告："我不该受到那种待遇，我绝对不会再让它发生。"他们的直觉反应是，赶紧把握机会、"脱口而出"。问题是，这通常都不是最睿智的行动步骤。若要一举奏效，在对质之前必须要有周详的准备。

> 当面对质基本上就只是与对方分享事实的经过与你的感受。那不是报复性的攻击，也不是争执。当面对质的目的不是要敌对或改变任何人，也不是为了发泄一己的怒气。事实上，在当面对质之前，最好先疏解愤怒的情绪，因为你与对方当面对质，不是为了惩罚对方、讨回公道、恐吓他，或叫他吃点苦头，而是要为过去这段令人痛苦的关系画上句号。因为若不是经由开诚布公的讨论及处理，彼此的关系会继续恶化。
>
> ——《女儿背后的爸爸》[1]

---

1. 赖诺曼，《女儿背后的爸爸》，原著第 208 页。

与神父对质的女人

妥善安排过的对质能产生非常惊人的成功效果。我知道有个例子，有个女孩被她教区的神父引诱，与他发生性关系。事发当时，她才19岁。她和她的心理治疗师谈了很久。她十分确信还有不少女孩也遭诱奸。对她及那位治疗师而言，这个神父显然没有守住他对教会、对圣职以及对他应牧养之教友的承诺。他滥用职权，利用职位侵犯了至少一位（或甚至几位）女性。

治疗师与神父的主教取得联系。经过长时间的讨论，主教又去找神父谈，神父也承认了他所做的。几周后，女孩、治疗师、神父及主教一起会面。神父表达了衷心的忏悔，女孩也展现真心的宽恕。教会分别为女孩及神父提供辅导帮助，而神父自己也同意接受上级的惩戒，并接受治疗。不是所有的对质都有如此圆满的结局。这个案例之所以如此成功，主要是因为参与其中的人，在各个阶段的行动都经过周详的计划，常常检视自己的动机，并衡量各个行动所产生的影响。

冰释心结的女儿

如果对方铸下大错，我们显然会认为有对质的必要。不过，即使是"小"伤，也可从考虑周详的对质获益良多。

凯恩到我们诊所已有数周了。在她即将返家之时，她问我是否可以协助她和父母当面"摊牌"。我记得她没说过什么重大的创伤，例如性侵犯或虐待之类的事，因此我问她，她想和父母摊什么牌。

"喔，其实不是像这里的许多案例那样重大的事件，"她说，"我只是想把心里的一些话告诉他们，我希望自己能够以最有利于我们亲子关系的方式，把这些话说出来。"

> 重要关系的实质改变，很少透过激烈的对质而得，更多的是来自审慎的思考，以及因着对问题（及自己）的全盘了解而策划的一些足以应付的小步骤而得。如果我们只是捏着鼻子，闭上双眼，贸然往下一跳，绝不可能成为带来改变的行动者！
> ——《亲密关系：你可以与别人更亲近》[1]

凯恩找我谈了几次，理出她分别想对父母说的话。每次我们谈过之后，她也会花许多时间，整理她的论点，归纳为几个根本的问题。然后，我们又花了一些时间，谈论她对这次"摊牌"的期待。

这对凯恩特别重要，因为她最主要的抱怨，就是父母似乎都不太愿意花时间好好倾听她的心声。母亲总认为事情没什么大不了的。父亲的反应则常是清清喉咙，结结巴巴地说："这件事最好还是去找你妈谈。"事实上，这些反应正是凯恩预料父母在这次对质中会有的反应。

"那么，"我问道，"你为什么还觉得需要和父母当面谈开呢？"

"我觉得自己比较坚强了，而我只是想把这个多年埋藏心底的

---

1. 林纳，《亲密关系：你可以与别人更亲近》，原著第15页。

事给处理掉。他们如何看待我对他们所说的，那是他们的事。因此，我并不特别期待有任何的改变。只要他们肯坐下来听我把话说完，我就很满足了。"听完她这番话，我同意为她安排这个会谈。

见到她的父母，果然和凯恩所描述的相当一致。我和他们聊了一会儿，向他们说明我们要做什么，帮助他们放松心情。

"凯恩有些重要的事想和你们讨论，"我说，"我在这儿充当类似翻译的工作，帮助你们了解彼此要说的。"接着，我转向凯恩，对她说："你就开始吧！"

凯恩告诉父母，当他们没有真正倾听她的心声时，她内心是什么感受。我在一旁留意她父母的表情。她告诉他们，以前有什么事使她受伤、愤怒。在叙述过程中，她没有把过去那些受伤、愤怒的情绪表现出来，只是以简明、直接的方式，呈报她的感受——没有愤怒的指控或者审判。说到一半时，她甚至停下来，询问父母，是否了解她所说的。他们点点头，表示懂了。

最后，凯恩分别对父母说出她对彼此关系的期待。这时，她开始泪水盈眶，不过仍很勇敢地继续说下去。说完后，她请父母就她所分享的感受提出他们的想法。父母两人对她从前会有那样的感受，都十分惊讶。不过他们也都承认，过去他们的确常常疏忽她的感受，也没有认真去听她真正想要倾诉的。会谈结束前，他们三人彼此亲热地拥抱在一起。

再次见到凯恩时，她显得神采飞扬。"情况不是一直都停留在三人互拥的温馨画面里，"她笑着说道，"不过结果真的很不错。我想，我妈起初是有些受伤，不过她很努力改正她漠视的态度。爸则像是松了一口气似的，好像我跟他之间那道无形的墙已被拆除，而且是我同意彼此之间要有更多的互动。"

凯恩的故事说明了相当重要的一点：在与他人对质之前，我们必须经过审慎的思考，厘清自己真正盼望达成的目标。对质与期望是紧密相连的。听来或许有些冷酷，不过效果最佳的对质，是当事人对于改变对方只抱少许期望，或不抱任何期望。我们必须确定，自己愿意面对诸如以下的反应：

- 否认（例如"我从没做过那样的事"）。
- 反控（例如"是你先求我、勾引我、刺激我的"）。
- 漠视（例如"你未免太小题大做了"）。
- 含糊带过（例如"你确定吗？我不记得发生过这样的事"）。

我们必须清楚自己的期望是很重要的，因为，有时候对方的反应，可能正好是我们不愿意见到的反应。

不存在的儿子

唐纳觉得自己在家中好像"迷失的孩子"，没有人正视他的存在，特别是他的哥哥和父亲。有时，父亲会使他难堪，而大多时候，根本对他视而不见——就像他不存在似的。唐纳记得自己曾试着和母亲提及此事。"这是你的问题，"她丢下一句话，"你得自己去和他们解决。"

唐纳到我们诊所，知道"家庭日"的活动后，既期待又害怕。一方面他想与家人开诚布公地把困难解决，另一方面又怕采取行动后，不知会有怎样的后果。我们鼓励他在决定行动前，好好考虑，不要草率仓促。他先看了几个"家庭日"的活动之后，决定下次把家人邀来。他和工作人员詹姆斯花了一整个礼拜的时间，妥善计划好要说什么，该如何说。

"家庭日"那天，唐纳全家都来了。有些病人与家人开诚布公地谈过之后都有不错的结果，唐纳因此受到激励。他深呼吸，开始分享他的心事，说父亲与哥哥"联合整他"，母亲也不插手干涉，使他觉得自己像个被遗弃的孩子。

反应呢？唐纳的父亲大笑几声，认为是无稽之谈。哥哥也立刻插嘴帮腔。他们悠闲地坐着，好像什么都没发生似的。

甚至连沙场老将詹姆斯都对他们的反应目瞪口呆。过了好似有"一世纪长的沉默"之后，詹姆斯告诉他们，他们刚刚的表现正像唐纳所描述的。在场的其他病友及家庭也纷纷点头表示认同，他们都目睹了唐纳刚才说过的情形。

一场激烈的讨论随之产生。唐纳的父亲及哥哥矢口否认问题存在，说刚才没有发生任何问题。从头到尾，唐纳的母亲坐在一旁，一语不发。詹姆斯向她提出一个问题，希望借此帮她加入讨论，她只是耸耸肩，接着就啜泣起来。最后，詹姆斯只好进行下一个家庭的个案。

事后，唐纳的情绪整个崩溃了。那天稍后，在会后小组讨论中，唐纳告诉大家，他想自己一定是疯了。他说他的感受完全是空穴来风，毫无真凭实据。

小组组员纷纷表示对唐纳的支持。"才不呢！"有个男人打抱不平地说，"你没有疯。这些都是真的，我们大家都看到了，一切正如你所说的。"

"那他们为什么不这么认为呢？"唐纳问道。他很感激小组对他的支持，不过仍对自己家人的反应感到十分困惑。组员谈到否认的运作模式，并且再次提醒他：对质的时候，我们必须做好心理准备，可能不会产生任何的回馈。唐纳很难过地点了点头，不过他最后还是发现了，这次对质至少有一项收获，就是其他组员肯定他的感受是真实的，不是他凭空捏造的。

取消礼物的父亲

吉姆的父亲是某大教派的教会牧师。有一年圣诞节，他父亲在主日讲台上宣布，吉姆今年不拆圣诞礼物了，任何送给吉姆的礼物，都会由牧师本人亲自送往邻近的穷人家去。那时吉姆9岁，父亲认为他玩具、衣服都太多（尤其比起城内南区贫困儿童要多得多），所以没和吉姆商量一声，就径自在讲台上宣布了。

"好多人过来称赞我有分享精神，"吉姆说，"事实上，我很想要那些玩具。只是我当时根本没有选择的余地。"长大之后，吉姆必须要处理那次的经历，以及童年时其他的痛苦记忆。"我发现自己一直千方百计要报复父亲所带给我的痛苦。"吉姆说。他因为深受"报复"之念的困扰，加入了一个关怀小组。

小组中有人提出他们"报复"的想法。有个男人说他如何设下圈套，要使父母破产。有人提出幼稚的幻想，例如把母亲的车胎放气等等。

这时，吉姆逐渐了解，报复的想法是医治过程中正常的副产品，这是通往宽恕必经的一段。我与那些遭受虐待或骚扰的儿童协谈时，他们常谈到总有一天要"算账"。这种欲望，有时还伴随令人惊讶的报复想法。在儿童时期就会出现这种强烈的报复欲，这说明了在我们心中，这种复仇的念头是极其自然的想法——自然，但不健康。

当成人意识到自己被他人伤害时，也会涌上类似的念头。"我无法原谅他，"他们咬牙切齿地说，"这是原则问题。"他也可能会用其他的话语表达：

"他需要学点教训，而我，就是那个给他教训的人！"

"大家都对她太好了，她需要好好看清事实。"

"我就是不能放她一马。我有责任要制止她。"

"等着看他的报应吧！"

> 有人提出反对宽恕的论点，而且相当有说服力。有人认为，宽恕是不公平的，因为不应该让做错事的人轻易地逍遥法外。还有人说，宽恕是种懦弱的行为，而非强者的作风。萧伯纳说，宽恕是"乞丐的避难所"。我不同意这种说法。报复永远无法扯平，因为它把受伤的人与使人受伤的人都绑在复仇的扶梯上，上上下下，永无止境。甘地说得对：如果每个人对公义的标准都是"以眼还眼"，全世界的人都要瞎了。
>
> ——《宽恕与忘却》[1]

---

1. 史密德，《宽恕与忘却》，原著第 194、232、308 页。

对这些人而言，不惩罚，就免谈宽恕。他们的心态似乎反映出对公义的追求，可惜公义也只是外表而已，它是遮掩恶毒与愤恨的面具。正如前面所言，真实的宽恕是爱与恩典的流露，而非出于报复。

我们是否常有如此的想法："好，我原谅他，不过他还是得付出该付的代价。"真实的宽恕并无附加的"不过""可是"或任何其他的条件。宽恕说："我所承受的这个伤害到此为止。"就是这样。

苦涩的报复

有时候，为了犯错者和其他人着想，将犯错者绳之以法是应该的，例如稍早提过的"神父侵犯女孩"的例子，就是如此。不过我们的痛苦多半不在于是否采取法律行动，而是自己内心没有解决的冲突。法律有制裁恶人的功效，但这并不表示，将伤害我们的人绳之以法就是上策。

吉姆，前面提到的那个牧师的儿子，开始去面对自己幼时的痛苦及报复父亲的想法。几个月之后，他在小组中分享："生活快乐就是最佳的'报复'之道，不是吗？我们能够快乐，因为我们能够宽恕。"

俗语说："报复是甜美的。"但是，一旦我们俯身亲尝，它就会变得苦涩。心中受创深重的人，实在没必要再受更多的苦——尤其是挟报复欲望而来的苦恼和怨恨。

往者已矣

我再次申明，我确实认为应尽一切努力，尽力复合，这是很重要的；这对双方而言，也都有帮助。不过，无论一方如何努力，不是每次都能重归于好的。

正如前面所提，复合的要件之一就是双方都愿意参与。不过可能事与愿违。你可能带着完全宽恕、渴望复合的心情去找对方，对方却对你的努力嗤之以鼻。前面有几个例子就是明证。

有些情况我们会建议"不要与对方复合"，例如身体虐待、性侵犯或其他形式的虐待，因为和对方复合可能不太安全，他们可能还会加害我们，最好远离。另一种情况是，他们可能非常脆弱，质问他们过去的事，会使他们崩溃。有时，最睿智的做法是："过去的，就让它过去吧！"至少不必想办法与对方当面对质或复合。然而，宽恕的过程却是绝对不可少的，非做不可。

对方已逝

当然，有时因为对方已经不在人世，对质与复合都无法做到。最常见的例子是我们想与去世的父亲或母亲复合。然而，即使在这种情况下，还是有些变通的做法。

- 葛蓝到他父亲的坟前，把心中的想法全盘托出，倾诉他对过去父子关系的看法及期待。"我不知道他是否能听到我的话，"葛蓝说，"我想那不是最重要的。重要的是我说出了需要说的。"
- 玛莉亚家中墙上挂着一大幅父亲的肖像，她把肖像从墙上取下，对着它说话。"我记得我凝视他脸上的每个特征、每寸皮肤，"她说，"好像要透视他的心灵一般。"她每天都做好几回，长达数月之久。最后，她终于能说："爸，我原谅你。"

- 亚特回到儿时的家，一间森林中的粗陋小屋。他向现在的屋主解释，他小时候是在这里长大的，很想再看看这个地方。屋主同意让他在林中四处逛逛。他边走边和他逝世已久的父母对话。

- 菲莉西亚为父母写了篇长长的祭文。她记起自己曾受过一些不好的待遇，但也勾起了一些快乐的回忆。这本身就是一种医治，因为在过往痛苦的年月中，她脑海中只有伤痛的记忆。

- 安卓莉亚请教会中一对她相当熟悉也非常敬重的夫妇到她家来，"充当"她的父母，听她谈起亲生父母对待她的情形。

以上这些技巧是否都带点"假装"的意味？我们并不是说这些做法和真正的面对面谈开或复合完全相同；但是，这些做法确实能够帮助我们模拟同样的情境，从而达到宽恕的结果。

除此之外，许多人真正需要面对的，不完全是目前站在他们面前、有血有肉的父母，而是父母一度在他们心中留下的记忆影像。我们许多人心中记取的是他人过去伤害我们的情形；其实那些人在这些年来，可能已有改变。因此，就某方面而言，那些伤害我们的，其实已不复存在。在这种状况下，我们真正需要对质的，不是现今的父母，而是过往伤害我们的那一位。因此，上述的做法，都是非常好的工具。

找回平静的女孩

如果我们仔细策划好如何与对方开诚布公地谈,如何致力复合,并且正确地调整我们的心态及期待,那么这些努力对医治的过程会产生很大的帮助。

在第一章,我们提到莉蒂的故事,她遭到继父性骚扰,母亲也完全知情。莉蒂与她的治疗师都认为,和父母对质,把过去发生的事实及这些事对她所产生的影响都谈开来,是很重要的。

莉蒂花了几天的时间,写下她想告诉父母的话,也和治疗师讨论过,又在支持小组中预习了一遍。甚至有其他组员扮演她的父母,给莉蒂机会,练习应付不同的反应。到那天,莉蒂的表现完美无瑕。她没有怪罪他们,没有情绪失控或大发脾气。她只是以冷静客观的态度,把她想让父母知道的事据实以告。

父母两人都没有良好的回应。他们只是坐在那儿,否认莉蒂所说的每一件事。他们的态度从容有礼,不过对否认的事毫不让步。甚至当莉蒂的治疗师试着开导他们,他们也置之不理。

不过,莉蒂是有备而来的。她经过排练,知道他们可能会否认一切。谈完后,她与其他组员分享,她觉得很轻松,仿佛卸下千斤重担。"就好像我把事实真相摊在桌上,他们可以随意决定该如何行动,"她说,"如果他们想要置之不理,那是他们的事。可是至少这不再是我肩头上的重担了。"

莉蒂的故事说明了即使无法言归于好,仍可寻回心灵的平静。莉蒂找回了平静。她必须试试复合是否可行,虽然结果是否定的，但她也不会因此困惑迷乱。她知道宽恕与复合是不同的两回事。她也知道，无论有没有与父母和好，她已经宽恕了他们。她已尽己所能，做了她该做的每一件事。如今她已卸下过去所背负的重担，获得解脱。

凡是做到宽恕的人，都是心满意足的，因为他们知道虽经历伤痛，仍能存活——不仅存活，还更雀跃、茁壮。不论创伤有多深、痛苦有多大，一旦宽恕了，我们就不再是受害者，也不只是生还者，而是得胜者！我们披荆斩棘，赢得最终的胜利。我们学会了爱。

章后实践指导

一、宽恕与复合是不同但却紧密相关的主题。

  1. 请先列出所有你正在宽恕或复合的名单,然后依照下列指示作答。

- 把你已宽恕但尚未复合的人名圈起来。
- 把你已复合但尚未真正宽恕的人名框起来。
- 在你已复合也宽恕的人名旁边,画个星星作记号。
- 在你已宽恕、正尽一切力量复合(不论他们是否愿意和解)的人名旁边,打个勾勾作记号。

  2. 对于没能复合的人际关系(假设你已尽你所能),你觉得必须负起责任吗?如果你觉得必须负责,那么你愿意停止再为他人的决定负责吗?

  3. 看看那些被你框起来的名字,你已与他们复合,但还没真正宽恕。请一一检视每一个例子,你是否:

    ☐ 忽略了因他人行为所引起的痛苦

    ☐ 否认你受到伤害

    ☐ 为难以原谅的行为找借口

    ☐ 担心一旦你说破了,会失去这份人际关系

□ 担心一旦你说破了，会 _____

4. 若你要向他们寻求复合，你是否准备好把这些必须摊在阳光下的隐秘提出来？

二、谈论到"复合"，势必得面对"对质"这个主题。

1. 你想要对质和处理这些问题的动机是：

□回敬对方　　　　□揭露事实

□报复　　　　　　□寻求和解

□惩罚　　　　　　□重建关系

□怀恨　　　　　　□帮助自己完全地原谅

如果你的理由是左栏中任一项，请稍后再与这个对象对质。如果你勾选的动机在右栏，那么你可以试着去对质。

2. 对质需要小心谨慎地准备。你要怎么准备自己，好面对你认为需要对质的人？

3. 你可能寻求对质却不预期后果吗？你的期待是什么？什么是你希望但不必然要有的结果？

4. 你准备好面对以下可能的反应吗？

- 否认（例如"我从没做过那样的事"）。
- 反控（例如"是你先求我、勾引我、刺激我的"）。

- 漠视（例如"你未免太小题大做了"）。
- 含糊带过（例如"你确定吗？我不记得发生过这样的事"）。

如果你打算对质，请先练习如何处理上述的反应。

三、你需要宽恕某位已过世的人并与其复合吗？你要用什么方法来达成？

四、你是否面临以下的情况：曾经伤害你的人，如今已经改变，不再是会伤害你的人。如果你面临这样的情况，你能否承认并接纳现状，并宽恕他们过去所做的事，以他们的现状与他们相处？

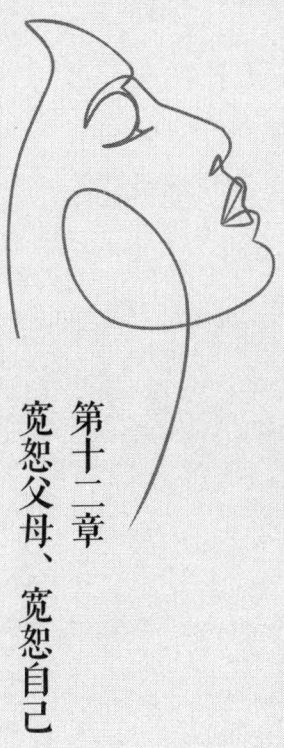

第十二章 宽恕父母、宽恕自己

我们之所以很难"宽恕自己",主因之一就是我们从未看过宽恕的实际行动。若能先看见宽恕的典范,就能更了解宽恕、操练宽恕。

有个同事有一次对我说:"我想我还没见过恨父母却不恨自己的人。"我觉得他说得没错。我们的自我观感深受父母的影响,我们怎样看待父母,自然而然也会左右我们对自己的看法。若我们恨自己的父母,很可能心中也会有某种程度的对自己的怨恨;若我们爱自己的父母,很可能就会觉得自己还不错。

那么以下的推理就成立了:如果我们发现自己需要宽恕父母——出自功能失调家庭的大人,几乎都是如此——我们也会发现,我们需要宽恕自己。

"当孝敬父母……"

我们都知道没有完美的父母。我们都出自不完美的父母,在不完美的家庭中长大成人。不过,在意识上明白这个道理是一回事,真要承认父母在某些方面对不起我们,对某些人而言却是非常困难的。

甚至好像这样做是一件错事。人人都知道我们应该孝敬父母,但问题是,孝敬父母是什么意思?难道是说我们绝对不承认他们有任何弱点、局限及错误?难道就意味着我们绝对不承认他们加在我们身上的痛苦?我不这么认为。

我们孝敬父母,是因着他们的位分,不全然是因为他们本身的价值。举个例子来说吧!假设你参加一个大型宴会,用餐中途，市长来了。再假设你并不怎么喜欢这位市长，上次选举你没选他，而且你认为他做了一些差劲的决定。即使如此，当他走进会场后，你还是会和大家一样，起身向他致意。

为什么呢？因为他是市长，敬重他是基本的礼仪。因为他的职位，你"看重"他，或承认他的价值。这并不表示从现在开始你必须欣赏他；也不表示你必须开始假装赞同这位市长的所作所为。看重他，乃是因为他的职位，与他个人没有十足的关系。

同样的道理，我们能够敬重或孝敬父母——承认他们应有的"价值"——是因为他们在我们生命中扮演着父母的角色。正如方才所举的市长之例，我们孝敬父母，并不表示我们必须佯装他们从未出过差错，或从未伤过我们。

正视父母所带给我们的创伤、挫败或亏欠，并不是不敬重他们，特别若是为了宽恕他们，这么做反倒是健康的。若是否认事实、杜绝宽恕的可能性，把自己锁禁在不健全的想法及做法的模式中，这样对父母或我们都没有好处。

否认过去

为了保护自己免于过去事实的伤害，我们常用下列方法来保护自己：

一、否认事实，认定自己没有受到任何伤害

在我们处理的个案中，有许多人都不记得自己小时候的事。大多这类的案例都强烈显示，当事人在幼年遭遇过不幸的创伤。

在下意识里，我们以理想中的美好取代了不愉快的事实。

我们有强烈的本能，要保护自己的父母（也常包括其他的权威人士）。我们认为对他们生气是错误的，除了完全的爱与忠诚，不得有其他的感觉。

有些人真心相信，若生父母的气，就会招来厄运。有个叫雪莉的女孩告诉我："我一定会短命。"我问她为什么。"我给我爸妈惹了好多麻烦，"她说，"我想我会自食恶果吧！"

二、为父母找寻借口

我们会说："是啊，没错，我父亲那时的确常常打我，不过那时父母正面临财务困难啊！"或者"我父母从未有爱我的表示——我不记得他们拥抱过我。不过就那时的情形而言，他们已经尽力了。"

三、怪罪自己

"成长过程中，我的确一直受到刁难，但那都是我自找的。如果我再多想一下（或多帮点忙、多听话些……），他们就不会用那种方式对我了。"

四、表面宽恕，佯装事情已过

"不论他们过去做过什么，我都原谅了。"或"当然，他们会犯错，本来嘛！孰能无过呢？我没有怪罪他们的意思。"

五、责怪那些觉得我们需要宽恕的人

"你怎么会有这种想法?"(言下之意就是我在怪罪父母啰?)

在功能失调的家庭中长大的痛苦回忆是种阴霾,不堪回首。但在宽恕之前,我们需要尽力了解并接纳所有的痛苦。我们需要重新感受到儿时的伤害,才能走出伤痛。当我们进步到能够客观地看待父母后,才能开始迈向宽恕的过程。同时,我们也才能更清楚看到自己出错的地方,然后步入宽恕自己的过程。

脱离的假象

在功能失调家庭中长大的人,要脱离家庭的影响,必须经过学习。我们学会接纳自己,甚至包括我们的局限与弱点。我们了解到,无论是谁,活在世上就有受伤的可能。

我们也学会,长久以来,我们为自己及他人所持守的假象必须改变。儿时对他人的行为所持有的期望和理想化,可能会对我们影响深远,即使长大成人,仍受其害。

举例来说,许多孩子都希望家中人人快乐:妈妈神情愉悦地照顾孩子的各项需要;爸爸欢欢喜喜地上班,每天回家吃晚饭;每逢周末全家就安排各种不同的户外活动;不论何时,家人总是快乐满足的。这幅"正常家庭"生活的想象还不时受到其他因素的强化,例如:学校的故事书、电视节目……

渐渐长大后,我们了解这幅美丽的景象只是理想,而非常态。我们认识到很少有家庭(如果有的话)真正看起来或表现出来是如此。我们也了解到自己的家庭并非如此。

或者,我们不是这样?有时,更确切来说,一部分的我们清楚知道也接受这幅美景的确不切实际；但另一部分的我们却仍然紧抓这幅美景不放，笃信不疑，因而更深切地意识到自己家庭的缺欠。

> 一旦父母去世，我们会想保持他们全然美好的形象、毫无缺失；若在记忆中认为父母有丝毫污点，我们就觉得自己犯了错。我们不想让父母落在需要被宽恕的情境下，因为若要宽恕他们，我们必须先正视他们的过错，甚至对他们心生憎恨。
>
> ——《宽恕与忘却》[1]

在宽恕的过程中，我们需要先探索自己的期许在创伤中所扮演的角色。成熟的表现之一，就是承担自己对生命及关系的看法。如果是因为他人没有达到我们的期许而使我们受伤，那么我们必须省察一下，这些期许是否不当或不切实际。

若是如此，我们的宽恕不仅需要处理内心的伤痛，还必须包括悔悟（亦即心意的基本改变，知道应该如何对他人抱持适当的期待）。期待未获满足的痛苦仍是非常真实的，即使这些期待不切实际，也仍需正视、处理。

不配得到宽恕的人

史蒂芬过去常遭父亲殴打，而他的弟弟却犹如父母的心肝，

---

1. 史密德，《宽恕与忘却》，原著第55页。

从未受过任何惩罚，而且可以率性而为。可想而知，史蒂芬必须处理他对父亲的愤怒。但同时，他发现自己也常陷在憎恨自己及仇恨弟弟的愁苦中（即使他知道弟弟受宠并不是弟弟的错）。然而，史蒂芬在成长的过程中，却一直相信，基于某种原因，他本来就该受罚，而弟弟本来就当得宠。

> 无法宽恕自己的人是何等不幸。
>
> ——席拉司（Publilius Syrus）

史蒂芬把这些感受告诉牧师。讲到一半，他突然大喊："我爸爸爱我弟弟，却恨我到极点！"

牧师回问他："你认为你该受到这样的待遇吗？"

"这正是我的感受。"史蒂芬答道。他继续指出一些他让父亲失望的行为。

"你可以宽恕你父亲，却无法原谅自己，因为是你的错，是不是这样？"牧师问他。

"我一直有个念头，我是不配得到宽恕的，"史蒂芬答道，"我知道自己有一些不为人知的阴暗面。"

牧师坐在那儿，沉思了一会儿，接着他说："这样吧！现在我要你假装你是另外一个人，坐在那边的椅子上，和'史蒂芬'对话。你了解我的意思吗？"

"我了解。"

"现在，比方说'史蒂芬'得罪了你，你会不会原谅他？"

"嗯……当然。"

"即使他没有开口请你原谅他？"

史蒂芬点了点头。

"为什么呢？"牧师问道。

他想了想。"问题不在于他有没有请我原谅他，而在于我是否愿意原谅他。"

"一点也没错！"牧师说道，"现在，我们一起来想一想。你说你愿意心存怜悯地宽恕得罪你的'史蒂芬'，但事实上，你就是'史蒂芬'啊。你得罪了你自己，现在你必须愿意宽恕你自己，你明白吗？"

史蒂芬想了好一阵子，才回答说："我从来没有这么想过，不过我了解你的意思了。宽恕自己和宽恕他人其实没有两样。即使我有错，即使我使自己受了这么多苦，我仍然能够原谅自己。我不需要一直责怪自己、生自己的气。对不对？"

对！

最难宽恕的人

当我们正视过去所受的伤害，知道使我们受伤的那人必须负某些责任时，我们的创伤就能日渐得到医治。不过我们不能就此打住，还必须面对自我，宽恕自己。

对我们许多人而言，最难宽恕的就是我们自己。宽恕是必须努力学习的，许多人发觉：宽恕他人，远比宽恕自己容易得多。我们能够体恤他人的程度，远超过我们怜恤自己的程度。

如果我们是在功能失调的家庭长大,父母向我们灌输:不好的事都是自找的,那么我们就更难宽恕自己。我们当中有多少人内心深处怀有下列这些根深蒂固的想法?

"是我害这一切发生的。"

"这些痛苦,是我活该。"

"都是我的错。"

"其实我可以制止事情的发生,但我没有。"

假如这些自责的思想都不属实,那实在太不幸了——其实我们该责怪的不是自己,但我们还是让自己背负了这些罪恶感。不过,如果自责没错的话呢?如果的确是我们一手铸下的错误,是自己导致这些痛苦——而自己也了解这一点,又该如何呢?

我们需要学习接纳自己,接受自己的局限性、失败与弱点,正如同我们学习接纳他人一样。的确,我们需要学习宽恕自己的过程,就如同我们学习宽恕他人一样。

宽恕自己的过程

我们先简短地复习一下第六章所提的几项宽恕过程,只是这次要宽恕的对象不是他人,而是我们自己。

一、认清伤害

我们必须回答先前问过的问题:发生了什么事?我在其中扮演什么角色?我做错了什么或弄错了什么?我们之前提过要列出一张"他人对我造成的过失"的表格;现在,我们必须列出一张

"自己得罪自己"的表格。

这么做的目的，不是为了堆积自己的罪行，或者责骂自己——这些我们都做得够多了！这么做的目标就只是列出事实，弄清真相，好让我们可以好好地处理、面对。

在这个步骤中，我们需要特别小心的是，只需要承担属于我们责任的那些部分。生长于功能失调家庭的孩子在长大之后，有种普遍的心理，就是认为：生活上每件出了差错的事，都是自己的错。不过，我们应当只为自己实际做错的事承担责任。我们无法承担下列这些责任，例如：我们原先没有做到的、原先没预料到的或原先不知道的。我们只需要为自己能力范围之内的事负责，不必扛起全世界的责任。

换言之，有时我们可能只是需要替自己找理由，而不是宽恕自己。为自己找理由，简而言之，就是说："是的，我造成了一个错误，但那不是我的错。我绝对无法事先知道要如何避免这个错误。"或者"没错，的确是出了问题。不过问题不在我。不能因为父母把每件事都怪到我身上，就表示每件事都是我的错。"

> 我们能找着理由的，不需要宽恕；唯有我们无法找着理由的，才需要宽恕。
>
> ——《宽恕》[1]

---

1. Dan Hamilton, *Forgiveness*, Downers Grove, IL: Intervarsity Press, 1980, 145.

一旦我们厘清真相，知道自己在哪里做错了，就可以进行下一个步骤。

二、认清情绪

当我们厘清自己受伤的缘由时，一波波熟悉的情绪会油然而生。早先我们曾遇到过这些情绪，包括害怕、罪恶感、羞耻与愤怒。当我们检视自己所遭受的伤害后，最主要的感受可能是愤怒与羞耻，而自发性的愤怒与羞愧常是导致沮丧的主要原因。

三、表达感受

我们需要借着某些方式，把这些负面情绪的毒素扫出体内。先前我们讨论过的技巧也适用于此：

- 与朋友谈论此事。
- 在日记中写下事情发生的经过及自己的感受。
- 与自己对话，正如那位牧师开导史蒂芬的方式一样。

四、设定保护自己的界限

先前我们讨论过如何采取行动，以保护自己不受他人的伤害。现在我们必须思考，如何保护自己，不受自己的伤害。

许多时候，我们对自己的负面感受会促使我们做出自我伤害的行为：

- 吃得过量。
- 让自己挨饿，变成厌食或者食欲过盛。

- 酗酒或吸毒（包括滥用药物）。
- 运动过度，直到濒临崩溃。
- 介入不健康、淫乱或危险的性行为。
- 变得爱与他人作对、很难相处或很难共事，因此也引起周遭人们的反感。这类毁灭性的行为开始出现时，就是警讯，警告我们是自我省察、宽恕自己的时候了。

除此之外，这些行为本身就会对我们造成伤害，使我们更自暴自弃，更憎恶自己。因此，正视这些行为越显重要，不仅是因为它们直接产生的伤害，也是因为它们对我们的情绪有负面的影响。

五、取消"债务"

我们在情绪上给自己背负的"债务"是很真实的（也是深具破坏力的），其威力并不亚于我们所持的"他人的债务"。因此，应付的方式一模一样——把"债务"一笔勾销。

通常，若以实际的行动来表达宽恕的过程可能更有帮助，例如写张"债权书"，再在上面写"撤销"两字，将之烧毁、掩埋。

自我宽恕不容易？

我们之所以很难"宽恕自己"，主因之一就是我们从未看过宽恕的实际行动。如同生活中许多其他事物一样，若能先看见宽恕的典范，就能更了解宽恕、操练宽恕。出自功能失调家庭的成人，在长大的过程中，很少看到宽恕的典范。

"不管我怎么努力,"罗福告诉我,"即使我对他说:'我很抱歉,下次我会更努力。'我还是无法使我父亲满意。你知道他怎么回答我吗?他会说:'这次就要做对。'我从来不知道什么叫作容忍错误,或者包容缺点,更别说是接纳或者宽恕了。"

"在我家,爱是操纵他人的工具。"艾丽回忆道。她来自父母都酗酒的家庭。"当母亲对我说'我爱你'时,就表示她有求于我。她说这句话时会面带微笑,不过那不是真心的。即使她说的听起来像是原谅了我所犯的错误,我还是无法相信她。我知道她这么说都是有目的的。"

难怪像罗福和艾丽这样的人会觉得很难了解什么是宽恕——无论是宽恕他人,或更进一步地宽恕自己。

受虐者的自我宽恕

那些出自身体受虐家庭(特别是性虐待)的人通常很挣扎,认为自己天生就有某方面的错。他们以为是自己导致这些坏事发生的,因此理当受到那些伤害。他们认为自己是没有价值、不可爱,也是不可宽恕的人。

他们若是来自"保密"家庭,他们对自我的评价就更糟了。在虐待儿童的家庭里,"不可以说"总是金科玉律。我和一些女性谈过,她们十分憎恨自己的身体,认为这是导致父亲(或叔叔、哥哥)对她们产生性欲的原因。"我一定在某方面勾引了他们,否则他们不会一直这么做。"这是受害者普遍的感受。她们甚至为没有人保护她们、帮助她们而自责。

通常被性侵的受害者会在受侵害的痛苦情绪之中，经历某种程度上的肉体快感。这种情形只会使她们更为羞愧。如果"感觉不错"，岂不是证明她们内心深处暗暗地"希望它发生"吗？我们极力要教导性受害者的是，身体对性的刺激产生的反应是不经当事人同意的，那只是反射动作。然而，这种显然被自己身体出卖的事，很可能成为她们最难宽恕的事——特别加上根深蒂固的信念，认为告诉他人只会受到更多的定罪与责难。

对那些在功能失调家庭中长大的受害者而言，人生最重要的真理之一，就是要爱人如己。这儿我们要谈的不是那种炫耀自我、鄙视他人的"自恋狂"，而是了解"我们既有爱自己的权利，又有自律的责任"的那种自爱。我们已经明白了，爱他人的真理，也包括在他人得罪我们时宽恕他们。既然如此，我们不也应该宽恕自己吗？

不再受虐

如果你是在功能失调的家庭中长大，过去从父母或他人那里受了伤害，而你正试着通过宽恕伤害你的人走出创伤，得到解脱，那么你必须要有此认识：你也必须经历宽恕自己的过程。同时，请思考下列句子：

- 如果我继续接受责难，就是持续受虐。
- 如果我为发生的事承担罪责——即使那时我只是个无助的孩子——就是持续受虐。
- 如果我本着以往一贯的反应，一味接受这些痛苦、背负这些罪恶感与羞愧，就是持续受虐。

- 如果我拒绝怜恤自己、爱护自己、宽恕自己，就是持续受虐。

何不现在就终止所有的受虐？让自己从不健康的罪恶感以及沮丧、退缩、自我怀疑、不信任他人当中跳脱出来。在自我宽恕的过程中，当你回顾以往那些你让自己失望的时刻，记住下面这段话或许会有些帮助：

我曾以自己的成熟、知识与智慧，

全力以赴。

如今，

以更多的成熟、知识与智慧，

我可以做得更好。

自我宽恕并非把过失推到他人身上，让自己得以脱身；自我宽恕不是不负责任的许可证。它只是一种认知，承认自己和他人没有两样。自我宽恕可以是继续生存的庆典，庆贺你达到一个新阶段，能够给自己更多的自重。

> 宽恕是以另一种方式来表达："我是人，会犯错。我希望他人能给我这个权利，因此，我也给予你这个权利。"
>
> ——《非自然之举》[1]

---

1. Philip Yancey, "An Unnatural Act", *Christianity Today*, April 8, 1991, 39.

通常，在自我宽恕的过程中，会发生一个有趣的现象。我们发现自己终于能够突破心理障碍，对自己说一些很有价值的事，而且不带罪恶感，不心怀歉疚：

- 过去我不完美，如今亦然。
- 过去我怀恨在心，如今亦然。
- 过去我有一些不切实际的期望，如今亦然。
- 过去我无法活出自己认为对的生活，如今亦然。

我们能够安心地说出这些话，因为下面这段话也是我们所说及所信的：

- 为这所有的事——以及其他更多的事——我宽恕自己。

章后实践指导

一、想想看,你的态度和选择(关于怎样处理发生在你身上的事)如何使你感到痛苦?

二、哪些想法或行为徒增你自己的痛苦?请列出来(如果有的话)。

三、你愿意宽恕自己做了上一题所列的事情吗?

四、要心甘情愿地宽恕自己,你需要进行下列步骤:

1. 认清伤害:

发生了什么事?

你扮演了什么角色?

你做错了什么事?

2. 认清情绪。你觉得:

☐ 害怕

☐ 内疚

☐ 羞愧

☐ 愤怒

☐ 悲伤

☐ 其他

五、你会用下列哪一种方法表达你对于自作自受（痛苦）的感觉？
　　□ 和朋友讨论
　　□ 把发生的事写下来
　　□ 跟自己谈谈相关的感觉

六、你有下列伤害自己的行为吗？
　　□ 强迫性的暴饮暴食
　　□ 让自己挨饿
　　□ 滥用酒精、毒品或药物
　　□ 运动过量
　　□ 尝试危险的行为
　　□ 变得反抗
　　□ 其他
　　如果未察觉的话，任何一个上述的征兆都会带来进一步的伤害和对自我的憎恶。你要如何处理上述这些问题？

七、你愿意取消你对自己所持的"债权"吗？

八、下列对自我宽恕的叙述，哪些是你同意的：
　　□ 我不再怪罪自己。
　　□ 我不再承受超出事实所当受的罪咎。
　　□ 我依照我所知的，尽可能做到最好。
　　□ 我要对自己存怜悯之心。
　　□ 我是人，会犯错的。

九、你愿意宽恕你所有的罪过和缺点，并为你的一切过错付出应有的代价吗？如果你愿意，好好想想上面所列的每件事，你会选择宽恕自己吗？

十、复写一份你对自己所持有的情绪"借据"。一旦你决定宽恕你自己，在单据上注明撤销，并写上日期。

你已经显示出宽恕的决心，并且认真完成了本书的章后实践指导，找出了相关的健康模式。请记得，寻求帮助是允许的。你在处理从童年以来即塑造你思想的生命模式时，很可能需要辅导师的帮助来进行这些议题。不要因为害怕或尴尬而不求助。如果你发现自己困在本书的任何一项操作里，请寻求你信任的专业人士，给予协助。

六、考虑复合的可能性。

你为什么希望复合？

如果你去找对方，你想他会有什么反应？

你能否接受最糟的反应？

对方是否愿意尽他所能恢复彼此的关系？你是如何探知到这一点的？

"……令我很气愤。"

三、表达出你受伤与愤怒的情绪。

如果我能把自己的感受告诉那个人（或那些人），我会告诉他（或他们）……

四、设定保护自己的界限。

列出你目前及未来可以保护自己的方法。

花点时间（甚至在你填写这份清单之前）和一位你所信任的人，谈谈你所写的或者你将要写的。请他协助你将步骤一至三写得完全，将步骤四写得切合实际。不要仓促进入下一个步骤。

五、取消债务。

当你放下自己对另一个人的期望，就表示你已经准备好要宽恕——把债务一笔勾销。写出一些实际的行动，以表明你真心想要宽恕对方。

我的宽恕清单

请依照宽恕的六个步骤,完成以下清单。

一、认清伤害。

你需要宽恕谁?

他们如何伤害或亏待你?描述事情发生的经过。

二、认清情绪。

请将你对那些事情的感受列出来,
例如:"我很怕回想当时的情形,因为……"

"我对……有种很深重的罪恶感。"

"……使我很羞愧。"